# 跨国公司地区总部集聚给我们带来了什么

## ——基于正反两方面的思考

任永菊 著

南开大学出版社

天　津

**图书在版编目(CIP)数据**

跨国公司地区总部集聚给我们带来了什么：基于正反两方面的思考 / 任永菊著. —天津：南开大学出版社，2015.11

ISBN 978-7-310-04989-9

Ⅰ.①跨… Ⅱ.①任… Ⅲ.①跨国公司－企业经济－研究 Ⅳ.①F276.7

中国版本图书馆 CIP 数据核字(2015)第 227011 号

### 南开大学出版社出版发行

出版人：孙克强

地址：天津市南开区卫津路 94 号　　邮政编码：300071

营销部电话：(022)23508339　23500755

营销部传真：(022)23508542　　邮购部电话：(022)23502200

\*

天津市蓟县宏图印务有限公司印刷

全国各地新华书店经销

\*

2015 年 11 月第 1 版　　2015 年 11 月第 1 次印刷

230×160 毫米　16 开本　14.375印张　2 插页　214 千字

定价：34.00 元

如遇图书印装质量问题,请与本社营销部联系调换,电话:(022)23507125

# 序　言

　　《2015 年政府工作报告》中明确提出"开放也是改革。必须实施新一轮的对外开放，加快构建开放型经济新体制，以开放的主动赢得发展的主动、国际竞争的主动"，强调"更加积极有效利用外资"和"加快实施走出去战略"，即"双向投资战略"上升为国家战略。在"双向投资战略"下，国内外跨国公司都会以建立地区总部的组织方式加快在战略性区位的布局。而当下的我国已经上升为世界第二大经济体，对于跨国公司有着极大的吸引力，因此，集聚于我国的跨国公司地区总部（以下简称为 RHQ）必然不断增多，然而 RHQ 集聚却是一把"双刃剑"，如何减弱掣肘之处、发挥裨益之处是需要各界深入思考的问题。该书是国内第一部从正反两个方面思考 RHQ 集聚效果的专著，研究视角独到，特别是独辟蹊径第一次从 RHQ 视角研究了其对我国国家经济安全的影响，具有明显创新性。

　　在第一部分，该书从正面讨论 RHQ 集聚效果，即"RHQ 集聚助推'梯度型'经济圈形成的路径与模式"。作者先以历史的眼光回顾世界五大著名经济圈中的伦敦经济圈和纽约经济圈的形成过程，RHQ 总部集聚助推经济圈而且还是"梯度型"经济圈的形成，非常值得我国借鉴，借鉴经验是：产业特色和产业梯度相结合；市场导向和政府导向相结合；经济圈之"圈层"及其开放性相结合。之后重点剖析 RHQ 助推"梯度型"经济圈的形成路径。形成路径或由需求反应，或者由供给引导，或者由需求反应和供给引导同时作用。路径主体包括政府和 RHQ，除政府之外，跨国公司横向型地区总部、跨国公司纵向型地区总部和跨国公司混合型地区总部是重要的三个主体，在它们助推下形成的"梯度型"经济圈各有各的形成条件和形成特点。接下来着重介绍政府引导下的完全引导型、部分引导型和完全不引导型等三种不同模式，归纳总结出三种不同模式下，RHQ 助推形成的"梯度型"经济圈具有的不同的形成/引导特征、形成/引导方式和形成/引导条件。在前文基础上，重点讨论京津冀如何以协同发展为前提，借力 RHQ 助推"梯度型"经济圈形成。作者从京津冀经济圈简介入手，分别从发展动力、发展动力主体和发展中遇到的问题等方面进行剖析。以问题为导向，建议以 RHQ 为动力主体协同规划产业结构、以天津自由贸易试验区为抓手探索协同发展机制、以国家利益为共同利益贯彻实施协同发展战略规划。

在第二部分，作者从反面讨论了 RHQ 集聚的效果，即"RHQ 集聚对我国经济安全的影响及应对策略"。作者开宗明义认为，RHQ 是影响我国经济安全的新外生因素，RHQ 集聚将威胁我国经济安全。但是 RHQ 集聚需要有相应产业集群作为基础。理论依据包括产业集聚理论和价值链理论，从长期来看，如果不加强管理，以 RHQ 为核心所形成的集群效应和链式效应将威胁我国经济安全。RHQ 集聚对我国经济安全影响的路径有多种。基于我国经济安全各个领域重要程度来看，会形成总体路径、核心路径和边缘路径。总体路径涵盖我国三大关键领域、重要相关领域的影响以及它们之间的相互影响。从总体路径中可以剥离出核心路径和边缘路径。从基于我国经济安全诱发原因来看，同样存在总体路径、核心路径和边缘路径。RHQ 集聚对我国经济安全影响的具体体现在宏观和微观两个层面。宏观层面主要包括政府的宏观调控和治理能力，集中体现在货币政策和财政政策之独立有效运行方面。微观层面主要体现在经济主权独立性、生态环境、经济结构合理性、民族企业生存环境以及社会安定等方面。RHQ 集聚影响我国经济安全的最佳案例表现为对香港—广东经济结构的影响。中国香港是全球集聚 RHQ 最多的区位。RHQ 集聚香港从内部性和外部性两个角度对香港—广东的经济发展产生影响，其中内部性侧重于 RHQ 本身的独特功能，外部性侧重于产业空间价值链。最后建议各级政府部门应该强调制度创新，以相关法律为根本保障，以维护金融秩序为核心，以坚持持续发展为第一首要任务，正确处理好对外开放、发展国际经济合作与维护国家利益和经济安全的关系，才能全面协调可持续地发展我国经济，增强我国综合国力，有效化解经济全球化带来的各种负面影响，确保我国经济安全。

毋庸置疑，该书的出版具有重要的理论和现实意义，对东道国政府、相关企业、研究机构，高等院校的管理和研究人员颇有参考价值。

然而，纵然如此，该书依然存在一些不足之处。例如该书的案例研究还相对较弱，缺乏对于国外"梯度型"经济圈的深入研究，对于国内"三大经济圈"的对比研究；政策研究还有待于具体化和增强针对性；样本有待进一步拓展；样本数据需要进一步更新等。尽管如此，该书依然不失为值得一读的好书。我作为任永菊的博士论文指导老师和多年从事跨国公司与国际直接投资理论的研究者，非常高兴地看到任永菊有关 RHQ 研究的第三部专著问世，如果通过序言的方式能够向各位读者介绍该书的基本框架结构，帮助各位读者更好地理解该书的基本观点，这不仅与我的初衷相合，而且也将让我感到欣慰。

南开大学跨国公司研究中心　张岩贵
2015 年 6 月于南开园

# 目　录

# 第一部分　正面思考:RHQ 集聚助推 "梯度型" 经济圈形成的路径与模式

# 第1章

## 绪　论

## 1.1　问题的提出

　　经济圈又称大城市群、城市群集合、大经济区、大都会区或都会区集合，是 20 世纪 90 年代开始渐多出现的中文地域经济用语，指的是一定区域范围内的经济组织实体，是生产布局的一种地域组合形式。经济圈在中国境内的出现与 21 世纪世界经济的两股不断强化的潮流紧密相关的：其一是随着城市群的出现，特大城市或者超大城市或者都市圈不断涌现。正如联合国经济与社会事务部发布的《全球城市展望（2011 年修订版）》中提到的，"生活在拥有 100 万到 500 万人口的大城市人口从 1970 年占全球总人口的 18% 增加到了 2011 年的 22%。尤其值得注意的是特大城市的增多。1990 年，全球有 3900 万人口生活在拥有千万以上人口的特大城市，相当于当时全球人口的 3%。但在 2011 年，有 3.59 亿人生活在特大城市，占全球人口的 9.9%。到 2025 年，集中在特大城市的人口将达 6.3 亿，相当于全球人口的 13.6%"。2011 年，中国上海、北京和深圳分别位居第 5、8 和 22 位。中国的大城市已经形成，而且随着中国城市化进程的不断加快，其数量和规模也将不断增多。城市群将不仅是中国未来的发展方向，也是中国参与国内外竞争的主要形态。

其二是跨国公司在全球范围内重新进行战略布局。《2013 年世界投资报告》发布会上，联合国贸易和发展组织投资和企业司司长、《世界投资报告》主编詹晓宁博士指出，"面对全球经济特别是一些主要经济体经济复苏的脆弱性及政策不确定性，跨国公司对外投资仍十分谨慎。很多跨国公司在通过资产重组、撤资等方式重新布局海外投资"。与此同时，"在全球，外国直接投资增长出现反复的过程中，发展中国家在吸引外国直接外资方面走在了前面。2012 年，发展中国家吸收的直接外资有史以来首次超过发达国家，占全球直接外资流量的 52%。发展中经济体的直接外资流入量实际上略有减少（4%），但仍处于历史第二高位，达到 7030 亿美元"。中国作为发展中国家的主要代表之一，"虽然 2012 年中国吸引外资下跌 2%，但仍是外资流入量最大的发展中国家，吸收外资保持在 1210 亿美元的高水平，在全球范围内仅次于美国排名第二。从中期看，中国仍是跨国公司首选的投资目的地。有关调查显示，在跨国公司看好的前五大投资东道国中，中国排名第一，美国紧随其后。"除此之外，"中国海外直接投资的增长更加令人瞩目。2012 年，中国对外直接投资创下了 840 亿美元的历史纪录。中国已经成为世界第三大对外投资国，仅次于美国和日本（王南，2013）。"无论从吸收对外直接投资，还是输出对外直接投资，中国正在成为全球对外直接投资舞台上的佼佼者。不仅如此，跨国公司还在中国设立了不同类型、不同规模的地区总部。截止到 2012 年 6 月，各国跨国公司驻港地区总部和地区办事处的数量分别达到 1340 家和 2412 家（国家统计局，2012）。截止到 2011 年 5 月，北京聚集地区总部 82 家，外商投资公司 183 家，外资研发中心 353 家。拥有 2011 年世界 500 强公司总部 41 家，成为仅次于日本东京的全球第二大世界 500 强总部之都。截止到 2011 年 9 月底，入驻上海的地区总部共计 347 家、投资性公司 237 家、研发中心 332 家，上海拥有的地区总部机构数量居中国内地省市之首。另外，还有一些地区总部分布于广州、深圳、天津等地（任永菊，2011）。

面对上述两股潮流，中国将何去何从？最有效方法是将中国快速发展的城市化进程与利用外国直接投资特别是 RHQ（本书将重点讨论

RHQ）相融合。对此，应该至少包括两个最基本问题需要研究：中国城市之间巨大差异对于吸引 RHQ 将产生怎的影响以及 RHQ 如何推动中国城市化进程。

对于前一个问题，国内外学者早已经进行了较深入研究。该问题的研究源于美国经济学家弗里德曼（J.Friedmann，1966）提出的中心外围效应，之后又经其他学者不断丰富。所谓中心，指的是区域体系的增长推动中心，如都会区；外围指的是其周围腹地或边缘区域。该理论认为，经济发展早期阶段，人口、产业和资本会集中于中心区，主要是因为该区的各项基础设施相对完善且费用较低，具有外部经济；在发展中期，这种情形会逐渐趋于缓慢；进入发展后期，中心区出现外部不经济现象，地价高涨、交通阻塞、噪音扰人、空气污染等其他问题，人们便逐渐转向外围区域发展，区域不均衡因此缩小，进而达到更大区域的均衡发展。在国内，自 2003 年出现的以赵弘为代表的有关"总部经济"的研究及其实践在一定程度上就是中心外围理论的应用，发展至今已经相对成熟。因此不在本书讨论范围之内。

对于第二个问题，即 RHQ 如何推动中国城市化进程是本书要重点研究的问题。对此问题，一般可以分解出如下几个子问题：哪些国家哪些行业哪些类型的 RHQ 能够推动中国城市化进程？即主体问题。就目前中国各级政府的相关政策来看，欢迎所有的跨国公司来中国设立地区总部。RHQ 何时入驻中国才能有效推动其城市化？即入驻时机。据《世界投资报告（2003）》的统计数据来看，中国是全球跨国公司重新布局的首选地，时机就在当下。RHQ 怎样才能推动中国城市化？即路径问题。RHQ 包括横向型、纵向型和混合型，出现不同类型的 RHQ 自然出现相应的路径。跨国公司如何设立地区总部才能推动中国的城市化？即模式问题。RHQ 至少有三种集聚方式，由此可以形成至少三种模式；与此相似，依据政府引导程度，即完全引导（即政府导向型）、部分引导（即政府导向和市场导向同时并举型）和完全不引导（即市场导向型），自然形成至少三种的模式。据上述分析，本书将针对路径和模式展开重点研究。

## 1.2 "梯度型"经济圈概念界定

"梯度型"经济圈是以不同层次、不同规模 RHQ 为核心，结合地域自然资源、经济技术条件和政府的宏观管理，组成某种具有内在联系的地域产业配置圈。

"梯度型"经济圈最主要特征是：多心多核，开放创新，梯度弹性。"多心多核"意指在经济圈各级城市之间形成分散网络型空间结构，而不是以核心城市为中心呈现放射状。"开放创新"意指经济圈不是一个封闭的主体，信息交流并不局限于经济圈内，与经济圈外的其他地区也保持高度的信息交流；信息交流主体主要是 RHQ。与此同时，经济圈内无论处于哪个级别的城市均有创新活动发生。"梯度弹性"意指处于经济圈从里到外的各级城市在功能、资源等方面越来越次之，入驻其中的 RHQ 呈现明显层次或者产业类型；各级城市之间的联系不是一层不变的，而是处于一种弹性变化之中。比如入驻中心城市的一般情况下为大型 RHQ、服务业 RHQ 以及 R&D 研发中心等功能性机构；入驻次中心城市的一般为中型 RHQ、制造业 RHQ；围绕周边的城镇则以制造业生产部门为主。如果其中某个城市发展迅速，那么它也可以演化成为一个单独的次核心城市甚至核心城市（如图 1-1 所示）。

## 1.3 国内外文献综述

自 20 世纪 50 年代中期，区域经济学与地理经济学结合衍生出新的研究领域之后，促使各国学者从不同角度运用不同方法展开有关都市圈的研究，主要包括：针对都市圈概念的界定，都市圈形成机理，各城市分工合作等。

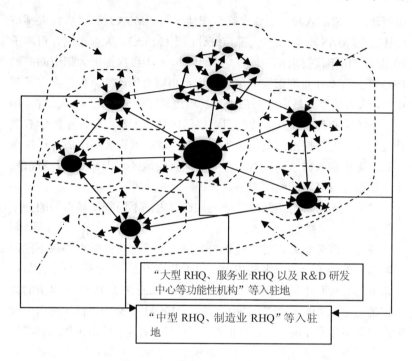

图 1-1 "梯度型"经济圈示意图

## 1.3.1 国外文献

（1）都市圈概念的界定

国外有关都市圈概念的界定一直处于不断完善过程中。主要体现于两个方面：①概念核心统一，但标准不统一。学界普遍认为都市圈以一个中心城市为核心，围绕其周边有一系列与其保持密切经济关联的中小城市，二者共同组成的城市群即形成都市圈。或者说，都市圈是以大都市为依托的相关都市组成的在经济、产业、文化等有紧密联系，逐步融为一体的城市集合。②都市圈和大都市区、大城市圈、大都市带相似，但实质不同。大都市区，美国在 1910 年首次提出大都市区的概念，之后分别于 1950 年、1980 年以及 1983 年提出标准大都市统计区（SMSA）、"主要大都市统计区"（PMSA）和"联合大都市统计区"（MAS），以及"大都市统计区"（MSA）。大都市圈，日本于20世纪50年代提出都市圈，之后于1960年再次提出大都市圈；到1995年，日本针对城市发展现状对大都市圈有所改变，重新界定了都市圈，认为都市圈是由中心都市及其周边地区构成的地区，人口在10万以上的中心都市及其周边的日常生活区域。大都市带，法国学者戈特曼于1957年提出，戈氏认为大都市带就是城市和街区成片连接在一起，城市和农村之间没有十分明显差异的地区。大都市带是目前城市群发展的最高空间组织形态。

（2）以城市群为空间单位研究城市群内部不同规模城市间的分工合作

国外大部分学者都以城市群为空间单位，研究城市内部不同规模城市间的分工合作，主要集中于以下几个方面：①产业分工合作在城市群形成过程中的作用。戈特曼（J. Gottmann）于1957年提出的大都市带理论，戈氏（1957、1961、1987、1990）认为城市群通过新产业的产生和主导产业的演替、产业结构的转换，实现了城市经济的自我增长和自我发展。弗里德曼（J.Friedmann，1986）对城市等级体系的系统研究，并指出城市职能体系将成为跨国公司纵向生产地域分工的体现。范吉提斯（Y.N.Pyrgiotis，1991）、昆斯曼和魏格纳（K.R.Kunzmann和M.Wegener, 1991）对经济全球化与区域经济一体化背景下跨国网络化城市体系的研究，认为城市群实际上是产业空间整合的产物。②城市间要素禀赋差异推动其差异化发展，为城市间分工合作奠定基础。佩鲁（F.Perrour）于1950年首次提出了增长极理论，该理论被认为是西方区域经济学中经济区域观念的基石，是不平衡发展论的依据之一。该理论认为，一个国家要实现平衡发展只是一种理想，在现实中是不可能的，经济增长通常是从一个或数个"增长中心"逐渐向其他部门或地区传导，因此，应该选择特定的地理空间作为增长极，以带动经济发展。后经布代维尔（J.Boudeville）将增长极理论引入到区域经济理论中，弗里德曼（J.Frishman）、缪尔达尔（G.Myrdal）、尼科尔斯（V.Nichols）、赫希曼（A.Hirshman）等人分别在不同程度上进一步丰富和发展了该理论，使区域增长极理论的发展成为了区域开发工作中的流行观点，也使该理论更具实用性。1966 年，弗里德曼提出核缘理论。该理论将一定的地域空间分为"核心区"和"边缘区"，认为经济发展是一个不连续的、但又是通过逐步累积的创新过程而实现的。核心区集聚或扩散资源要素，引导或支配边缘区，谋求区域经济的一体化发展，其实质就是追求边际效益最大化，对有限的资源要素重新进行空间配置。日本学者高桥伸夫（1994）《日本三大都市圈：变化中的空间结构及未来展望》一书根据日本三大都市圈的自身资源和区域等方面的特点，全面论述了三大都市圈内部结构与特征。谷人旭（2000）针对日本关西都市圈进行了一系列的研究，研究结果显示日本各个都市圈产业间联动发展最终促进了日本各中小城市的发展。都市圈区域范围的划分要依据都市圈的溢出效应而定，都市圈的各种基础设施如交通和通信的发展是都市圈内各产业和城市间互动的基础并且针对都市圈的发展过程，将都市圈的发展阶段分为四个时期即城市化、郊区化、逆城市化和再城市化，其中针对每个阶段的集中和分散程度又进一步给予了划分。③其他。哈盖特（P.Haggett）和克里夫（A.D.Cliff）的区域城市群空间演化模式、库默斯（I.kormoss）和霍尔（P.Hall）对西北欧城市群和英格兰大都市带的系统研究、麦吉（T.McGee）对东南亚城市密集区的系统研究及其提出的"城乡融合区"概念、林奇（K.Lynch）的构建扩展大都市模式等，都丰富了城市群相关理论，并为城市间分工合作奠定了基础。

## 1.3.2　国内文献

国内对都市圈的研究可以追溯至 20 世纪 80 年代初期，早期的研究主要是对国外都市圈的介绍，如日本东京都市圈、美国五大湖都市圈等国外较为成熟的都市圈的发展。陈锋（1980）从跨国界的角度研究了日本的"太平洋经济圈设想"。他认为战后日本经济发展迅速，对美欧出超分别高达 116 亿美元和 64 亿美元，引起美欧对其贸易限制，发展对亚洲、太平洋沿岸国家的贸易和经济往来成为日本最迫切的课题。"太平洋经济圈设想"尽管以经济合作作为第一大目标，但是其成员最初分别由资金雄厚的日、美、加、澳、新西兰五个"先进国"，资源丰富的东盟，以及与其有长期经济往来的南朝鲜（现称为韩国）、中国台湾、中国香港等国家和地区组成，然后再扩大。建立"太平洋经济圈"不仅是日本经济发展的需要，而且从太平洋地区经济发展的情况看，也有建立"经济圈"的有利因素。之后，随着中国经济发展以及城市化进程的不断加快，国内针对都市圈的研究成果越来越丰富，从年产低于十篇到达目前的几百篇，范围主要涉及都市圈概念的界定，都市圈形成机制、战略选择和都市圈效应规划，城市间分工合作等方面。

（1）都市圈概念的界定

国内学者在借鉴国外学者针对有关城镇群体空间理论研究基础上，于20世纪90年代初提出了具有中国特色的都市圈理论，并提出多个类似的都市圈概念，比如大都市区、城市圈、都市连绵区、都市圈等。①大都市区，周一星（1986）从国外引入了都市圈、都市区概念用于分析我国城市概念和人口的统计口径问题。2000年，周一星、胡序威、顾朝林等学者针对中国都市区提出了相关概念和空间、地域的界定标准，认为大都市区是与区内中心城市具有密切社会经济联系的并且以非农经济产业为主体的县域单元的组合体，属于城市的功能地域范畴。宁敏越（2003）基于区分核心区和边缘区的角度界定了都市区，认为大都市区是由一定人口规模的中心城市和周边与之有密切联系的县域组成。中国城市规划学会区域规划与城市经济学委员会认为都市区是一个以大城市为中心，其外部城市包括了与中心城市经济密切联系的城镇化和工业化水平较高的县市组成的地域。一般人口规模大于100万的中心城市可以称之为大都市区。②大都市圈，杨建容（1995）、王建（1996）分别提出在国内建立八大和九大都市圈的想法。张京祥、邹军等（2001）认为都市圈可以由至少一个城市或多个具有密切联系的城市并围绕核心城市的一个圈层式结构，即都市圈可以划分为多核心和单核心两种形式。邹军、陈小卉（2001）较系统地界定了都市圈及其成立条件，认为都市圈是指一个或者多个中心城市的集合体，在空间上存在密切联系，在经济上具有互补性和依存性。其条件首先是城市的数量要多、聚集程度高；城市规模要大，人口密集度要高；圈内各城市产业之间存在紧密联系，职能上具有明确分工协作，并显示一体化特征。陈耀（2003）比较分析了"城市经济圈""城市经济群"和"城市经济带"三个概念的异同。其他一些学者也对都市圈进行了界定。③大都市带，国内学者多以都市连绵区替代大都市带。于洪俊、宁越敏（1983）提出了巨大城市带，认为巨大城市带的显著特点是城市在整个国家经济体中扮演了中枢和核心作用。周一星（1991）认为大都市带或都市连绵区最基本组成单元是都市区，都市区则是以多个在经济活动上具有密切关联的城市组成并沿一条或多条交通通道分布的城乡一体化区域。宗传宏（2001）认为大都市连绵带是由金字塔形的多个城市构成的一个高度集中的经济带。顾朝林（2001）认为都市连绵区是由中心城市和附属城市构成的一个城市网络，并随着城市经济发展的加快会吸纳更多城市进来，最后将发展成为一个连绵的巨型大都市带。诸大建（2003）认为大都市连绵区的主要特征是人口众多，城市化率较高，各城市层级关系明显并承担不同职能。

（2）都市圈形成机理以及模式

一些学者针对国外都市圈形成机理、模式以及发展中存在问题进行了研究，以为中国都市圈发展提供借鉴。李廉水（2006）系统剖析了都市圈发展的理论演化及其过程，进而分析了国内都市圈以及国际上知名都市圈如日本、伦敦、巴黎、纽约都市圈的发展模式和流程。徐琴（2002）在介绍荷兰和日本都市圈建设发展的基础上，总结了二者在都市圈建设过程中存在的问题以及经验教训，认为能否建设一个成功都市圈的关键问题在于城市空间扩展方式的合理选择、能否有效整合不同城市之间的关系，进而在不同城市之间形成合理的空间和时间协作。随之，她又阐述了中国都市圈成长的主要特征和趋势，并提出了中国都市圈建设的一般原则。段瑞君（2008）对欧美国家城市化进程分析总结后发现，早期的城市化进程和工业化进程同步；产业结构的调整促进了逆城市化现象；在逆城市化时期都市圈快速发展；信息化经济造成了再城市化现象。卢明华、李国平和孙铁山（2003）研究了东京大都市圈，认为东京都市圈是日本乃至世界上最大的城市集聚体，在承担日本全国政治、经济、文化中心职能的同时，更是担负了重要的全球经济控制职能。东京都市圈内部各核心城市之间形成了相对显著的区域分工与协作体系，这种区域分工与协作的方式对于东京都市圈在全球范围内发挥其集聚优势起到推动作用。有鉴于此，中国都市圈建议需要各城市职能分工，以加速该区域合理分工与合作体系的形成。

（3）城市间分工合作

国内关于城市间分工合作的研究比较丰富，近年来主要集中于：①城市群经济整合，包括产业、基础设施、交通、市场、生产要素整合等（江曼琦等，2006；林先扬等，2006；周民良等，2009）。②城市群内部产业关联效应、产业转移和产业聚集效应（江曼琦等，2004；夏维力等，2007；曾旗等，2007；张卫华，2010）。③区域内城市间分工结构的演变规律（张祥建等，2003；刘赫，2006；邓春玉，2009；高迎春等，2010）。④长三角、珠三角、环渤海"三大都市群"分工合作的实践研究（周立群等，2007；李健等，2004；李栋亮，2002；王绮，2005；吴浙，2007；安虎森等，2007；李培，2008；张紧跟，2008；江曼琦，2008/2010；赵弘，2011）。

### 1.3.3　文献简评

上述文献从城市的等级结构、职能结构、关联模式等方面利用地理学和经济学的研究方法对城市群的形成和发展进行了深入研究，对后人的研究具有相当大的启发性，但是上述文献在城市群形成路径和模式方面的研究稍显不足。本书在前人研究的基础上，结合世界经济学和新古典经济学相关理论，从 RHQ 分层次集聚之后引发的城市间功能分化与联系出发，借鉴纽约、伦敦和东京为核心的城市群为例提炼其演进规律系统剖析 RHQ 分层次集聚推动"梯度型"经济圈形成的路径与模式，以推动我国不同层次经济圈的形成，圆满完成"十二五"规划。这是经济圈这一论题亟待深化之处，本书努力在此做出些许成效。

## 1.4　研究思路与框架

　　本部分将围绕"梯度型"经济圈展开研究，梳理世界著名都市圈形成的基础上，归结 RHQ 推动"梯度型"经济圈的演进规律，在此基础上重点研究其形成路径和模式，以我国三大经济圈为例进行实证研究，最后提出相应的应对策略。本部分研究框架如图 1-2 所示。

　　依据上述研究思路，本部分结构安排如下。第 1 章是绪论，基于世界经济两股潮流的基础上提出问题，归纳总结前人相关研究，进而界定"梯度型"经济圈概念，最后说明研究思路框架、重点难点创新以及研究方法等。

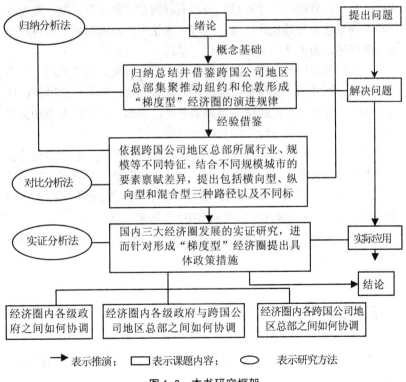

图 1-2　本书研究框架

第 3 章 "梯度型" 经济圈形成的路径。RHQ 分层次集聚可以从内部和外部两个方面推动 "梯度型" 经济圈的形成，其中内部方面源于 RHQ 的本身特征，外部方面则源于跨国公司功能分离而导致 RHQ 和生产性部门分别选择不同资源城市入驻，形成城市之间的分工合作。然而，依据 RHQ 所属行业、规模、国别等不同特征以及不同规模城市要素禀赋之间的差异，RHQ 分层次集聚后推动城市之间分工合作的广度和深度存在差异，进而通过横向型、纵向型和混合型三种路径中的一种或者几种形成不同广度和深度的经济圈，即 "梯度型" 经济圈。

第 4 章 "梯度型" 经济圈的模式选择。依据不同的标准，RHQ 分层次集聚推动 "梯度型" 经济圈形成的模式可以具有不同的类型：从 RHQ 分层次集聚的方向来看，可以分为迁入型、迁出型、分离型等模式；从是否得到政府引导可以分为政府导向型、市场导向型、政府导向和市场导向兼备等模式。本部分将从理论上对政府引导下的各种模式详细阐述，为下文的实际应用奠定基础。

第 5 章我国 "梯度型" 经济圈发展的实证研究。以 "京津冀" 为例，全面分析我国 "梯度型" 经济圈的发展现状、特点及其进程，以剖析我国 "梯度型" 经济圈与国外著名经济圈相比，在借力 RHQ 作用的差距，进而在借鉴经验的基础上提出建议。

第 6 章 "京津冀" 为例的具体政策措施。针对 "京津冀" 经济圈，具体提出 RHQ 分层次集聚前提下，推动 "梯度型" 经济圈形成的具体政策措施，主要包括经济圈各级政府之间、不同行业不同国别不同规模 RHQ 之间、各级政府与不同 RHQ 之间如何进行协调。

第 7 章结论与启示。在总结研究结论的基础上，本部分将说明得到哪些方面的启示。

## 1.5 研究方法

本部分运用了多个研究方法，主要涉及归纳分析法、对比分析法、实证分析法等。

方法 1：归纳分析法。第 1 章绪论从历史角度梳理了国内外学者的相关研究文献，从中归纳出经济圈的发展脉络、特点及其趋势，为后文界定"梯度型"经济圈奠定基础。第 2 章归纳总结世界著名经济圈——纽约和伦敦的演进规律，特别归纳有关 RHQ 在其中的作用，以为我国利用 RHQ 推动"梯度型"经济圈的形成提供借鉴作用。

方法 2：对比分析法。第 3 章提出形成路径。形成路径或由需求反应，或者由供给引导，或者由需求反应和供给引导同时作用下，经过排列组合基本可以分别划分为横向型、纵向型以及混合型各三种"梯度型"经济圈，即共计九种经济圈。每种类型经济圈的形成主体、形成条件及其特点各不相同。九种经济圈的形成主体除去政府之外，分别是跨国公司横向型地区总部、跨国公司纵向型地区总部和跨国公司混合型地区总部。

方法 3：实证分析法。第 5—6 章以"京津冀"为例，探寻 RHQ 在其发展过程中的作用，进而提出相应的政策建议。

## 1.6　重点、难点、主要创新与不足

本部分的重点在于：①恰当准确地界定"梯度型"经济圈是重点之一。②借鉴纽约和伦敦两大经济圈的形成与发展，结合相关理论，考察 RHQ 分层次集聚推动"梯度型"经济圈的演进规律。③基于 RHQ 分层次集聚的角度考察"梯度型"经济圈的形成路径。

本部分的难点在于：①"梯度型"经济圈的界定是本部分能否顺利完成的关键之处，但是查阅相关文献并没有此概念。而实践中"梯度型"经济圈确实存在，因此，在运用区域经济学梯度理论的基础上，结合不同城市特点，对"梯度型"经济圈进行界定。②数据资料搜集和调研，包括国外以纽约和伦敦两大经济圈相关资料的搜集是另外一个难点。为解决此难点，本部分已着手在美国经济分析局、经合组织（OECD）和日本通产省等网站以及科技导航（Science Direct）等数据库搜集国外相关资料。

# 第2章
## "梯度型"经济圈形成的国际经验借鉴

　　国际公认的经济圈以"五大都市圈"为首，包括纽约都市圈、伦敦都市圈、东京都市圈、巴黎都市圈、五大湖都市圈。它们均以人口规模宏大、地域范围广阔、国际交流频繁、著名机构和企业总部集聚、经济发展超前……汇集融合了当今世界最先进的生产力，成为本国甚至世界经济发展的典范（详见表2-1）。特别值得我国借鉴的是，RHQ在其中的推动作用。

表 2-1　世界五大都市圈概况

|  |  | 人口规模（万） | 面积（万平方千米） | GDP占本国比重 | 主要机构和企业总部 | 主要城市 |
|---|---|---|---|---|---|---|
| 美国 | 纽约 | 6500（20%） | 13.8（1.5%） | 30%以上 | 世界银行、IMF总部、美洲发展银行 | 纽约、华盛顿、波士顿、费城、巴尔的摩等 |
| 北美 | 五大湖 |  |  |  | 北美制造业带 | 芝加哥、底特律、克利夫兰、多伦多、蒙特利尔等 |
| 英国 | 伦敦 | 3650 | 4.5 | 30%左右 | 世界三大金融中心之一；许多国际组织总部所在地 | 大伦敦地区、伯明翰、谢菲尔德、利物浦、曼彻斯特等 |

| | | 人口规模（万） | 面积（万平方千米） | GDP占本国比重 | 主要机构和企业总部 | 主要城市 |
|---|---|---|---|---|---|---|
| 法国 | 巴黎 | 4600（19%） | 14.5（2%） | 27% | 50%R&D和70%保险公司总部、96%银行总部、2300家TNC | 巴黎、阿姆斯特丹、鹿特丹、海牙、安特卫普、布鲁塞尔、科隆等 |
| 日本 | 东京 | 7000（61%） | 3.5（6%） | 33%左右 | 100家银行，50%以上年销售客在100亿以上的企业总部 | 东京、横滨、静冈、名古屋、京都、大阪、神户等 |

## 2.1 伦敦都市圈

伦敦大都市圈是欧洲最大的都市群，以伦敦－利物浦为轴线，包括大伦敦（Greater London）、伯明翰、谢菲尔德、曼彻斯特、利物浦等数个大城市和众多中小城镇。整个都市圈基本划分为三个梯度：第一梯度——大伦敦；第二梯度——伯明翰、谢菲尔德、曼彻斯特、利物浦等数个大城市；第三梯度：围绕它们的众多中小城镇。总面积约为4.5万平方千米，约占全国总面积的18.4%；人口总数达3650万；GDP约占全国的30%（如图2-1所示）。

图 2-1　伦敦都市圈示意图

## 2.1.1　分层次产业集聚推动"梯度型"经济圈出现

　　伦敦大都市圈与其他世界都市圈一样也基本经历了四个发展阶段，即城市游离阶段、城市向心发展阶段、城市体系形成阶段和一体化发展阶段，每个阶段有其不同特征（彭劲松，2007；详见表 2-2）。在整个发展过程中，伦敦与其他城市之间逐渐形成并保持竞合关系。

　　四个阶段中，向心发展阶段为日后伦敦都市圈的形成奠定了坚实的基础。工业革命促使从事农业的职业人员所占比例在不断下降，工业集聚不仅促使城市规模不断扩大，也促使银行业发展以及各类交易所的出现。在世界各国，工业革命发源地英国（大不列颠）从事农业的职业人员下降最剧烈（如表 2-3 所示）。除一些人开始从事第三产业外，从农业中减少的职业人员应该就职于工业，成为工业工人。工业在当时伦敦的发展势头最佳,这有力吸引了工业工人的不断集聚,从而推动了伦敦的城市规模不断扩大,比如 1851 年,在年满 20 岁以上的 139.5 万伦敦人之中,只有将近一半的人(64.5 万人)是伦敦出生的([英]克拉潘(上),第 724 页)。

表 2-2  "梯度型"经济圈不同发展阶段及其特征

| 发展阶段 | 特征 |
|---|---|
| 游离<br>(1545 年) | 首位城市经济职能外向化迅速发展,城区逐步向外拓展;其他城市之间的联系薄弱,城市化进程缓慢 |
| 向心发展<br>(工业革命后) | 区域综合交通体系渐次形成,外缘次级城镇与首位城市通过交通轴线的传递辐射形成经济协作关系,首位城市对周边城镇的吸引作用显著,向心集聚力明显 |
| 体系形成<br>(1930-1940 年代后) | 通过产业空间分工和重构,城市规模扩大,城市职能在都市圈的框架下重新定位 |
| 一体化发展<br>(1970 年代后) | 城镇体系和城市职能分工比较明确,各城市间形成新的竞合关系,达到一种高水平的动态均衡 |

资料来源:本书在以下文献基础上整理而成:彭劲松.大都市圈的形成机制及我国都市的构建方略[J].城市,2007(12):22—25;新华网,英国首都—伦敦,http://news.xinhuanet.com/ ziliao/ 2002-05/13 content_390805.htm;中华人民共和国外交部.英国国家概况,http://www.fmprc.gov.cn/mfa_chn/gjhdq_603914/gj_603916/oz_606480/1206_607616/。

表 2-3  一些国家从事农业的职业人口比例变化(1850 年、1900 年、1950 年)
(单位:%)

| | 1750 年左右 | 1850 年左右 | 1900 年左右 | 1950 年左右 |
|---|---|---|---|---|
| **非洲** | | | | |
| 阿尔及利亚 | | | | 81 |
| 埃及 | | | 70 | 65 |
| 法属摩洛哥 | | | | 67 |
| 南非 | | | 60 | 33 |
| 突尼斯 | | | | 70 |

| | 1750 年左右 | 1850 年左右 | 1900 年左右 | 1950 年左右 |
|---|---|---|---|---|
| **美洲** | | | | |
| 阿根廷 | | | | 25 |
| 巴西 | | | | 61 |
| 加拿大 | | | 42 | 20 |
| 墨西哥 | | | 70 | 61 |
| 美国 | | 65 | 38 | 13 |
| **亚洲** | | | | |
| 中国 | | | | 70 |
| 印度 | | | | 74 |
| 日本 | | | 71 | 48 |
| 马来西亚 | | | | 65 |
| 巴基斯坦 | | | | 80 |
| 泰国 | | | | 86 |
| **欧洲** | | | | |
| 奥地利 | | | 60 | 33 |
| 比利时 | | 50 | 27 | 12 |
| 捷克斯洛伐克 | | | | 38 |
| 丹麦 | | 49 | 47 | 25 |
| 法国 | 76 | 52 | 42 | 30 |
| 德国 | | | 35 | 24 |
| 大不列颠 | 65 | 22 | 9 | 5 |
| 希腊 | | | | 48 |
| 爱尔兰 | | 48 | 45 | 40 |
| 意大利 | | | 60 | 42 |
| **低地国家** | | 44 | 31 | 20 |
| 挪威 | | 65 | 41 | 26 |
| 波兰 | | 82 | 77 | 57 |
| 葡萄牙 | | | 65 | 48 |
| 西班牙 | | 70 | 68 | 50 |
| 瑞典 | 75 | 65 | 54 | 21 |
| 瑞士 | | | 35 | 16 |
| 土耳其 | | | | 86 |
| 南斯拉夫 | | | | 78 |

续表

| | 1750 年左右 | 1850 年左右 | 1900 年左右 | 1950 年左右 |
|---|---|---|---|---|
| **大洋洲** | | | | |
| 澳大利亚 | | | 25 | 22 |
| 新西兰 | | | 30 | 18 |
| **苏联** | | 90 | 85 | 56 |

资料来源：［意］卡洛·M. 奇波拉.世界人口经济史［M］.黄朝华译.周秀鸾校.北京：商务印书馆.1993：15—16 页。

除伦敦外，从 17 世纪后半期开始，随着英国市场需求的扩大和整个社会经济的发展，"家内制"的乡村工业适应潮流逐步集中，英国的工业中心也逐渐从东部、南部城市，向边远的北部、西北部以原料产地为中心的地区转移、集中，使得原来一些规模较小的乡镇迅速跃升为新兴的工业城镇，比如新兴的制造业城市曼彻斯特（Manchester）、伯明翰（Birmingham）等，新兴的港口城市赫尔（Hull）、森德兰（Sunderland）等新兴的经济中心原来都是很小的村庄或市镇，比如棉纺业城市曼彻斯特在 16 世纪中叶时人口不过 2000 人，两个世纪后就达到了 20000 人，增长了 10 倍；同样，钢铁业城市伯明翰在 16 世纪中期也只有 500 人左右，但随着西北面"黑乡"冶金业地区的发展，其逐渐成为英格兰金属加工工业主要基地，18 世纪中期，它的人口已达到 30000 人（赵煦，2005）。各个产业分别集聚于伦敦周边不同城市，为大伦敦都市圈的形成与发展奠定了基础。

工业发展带动金融业的发展。在 1832 年这一年，英格兰和威尔士的火险业务是掌握在 39 家公司手里，其中有 15 家在伦敦，24 家在各郡；但是这 15 家承办了火险业务 7/11，那 24 家仅承办 4/11。将近一半的业务是由太阳、鸾凤、保持者、皇家交易和伦敦郡 5 家伦敦最大的公司经办的——这 5 家公司之中有两家创始于 18 世纪初期、一家创始于 18 世纪后期，另一家（保护者）则是 1824 年的产物（［英］克拉潘著，姚曾廙译，2009，第 391 页）。

经过 300 多年的不断发展，逐渐形成了以伦敦金融城为核心，逐渐向外扩张的以金融服务业为主要产业的大伦敦区，以及向西北方向扩张，涵盖以不同产业为主要产业的伯明翰、谢菲尔德、曼彻斯特、利物浦等数个大城市和众多中小城镇在内的世界级伦敦都市圈。

## 2.1.2 "梯度型"经济圈的核心——伦敦金融城

伦敦都市圈的形成大致可以划分为两个步骤，即大伦敦的形成和伦敦都市圈的形成。大伦敦是围绕伦敦城而成的，伦敦都市圈则是围绕大伦敦而成的。大伦敦最初始于 16 世纪之后，资本主义在英国兴起，伦敦城市规模的迅速扩大。公元 1500 年，伦敦人口不过 5 万；1600 年增至 20 万；1700 年增至 70 万；1900 年增至 200 万。20 世纪 60 年代曾超过 800 多万（新华网）；2010 年为 782.5 万（中国外交部网站，2012 年 12 月）。

（1）以金融城为核心的大伦敦区

大伦敦区下设独立 32 个城区（London Boroughs）和 1 个"金融城"（City of London），并以金融城为核心。金融城的就业人员主要由银行、保险、商务服务（包括法律和会计服务）以及其他金融业占据，其中在银行、保险、商务服务行业的就业人数从 1981 年一直呈现出上升趋势（伦敦大都市圈档案，2003）（如图 2-2 所示）。1999 年上升至大约占整个金融城的 80%以上，该比例从 1999 年开始就相对稳定，不过 2008 年出现轻微上升至 82%（伦敦大都市圈档案，2010）（如图 2-3 所示）。金融城东侧就业密度最高（如图 2-4 所示）。

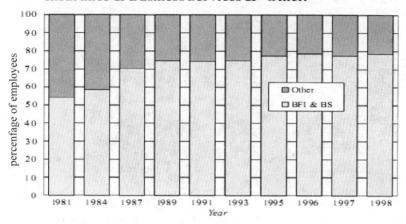

图 2-2 银行、金融、保险和商务服务（BFI & BS）
与其他产业就业人数比较（1981—1998）

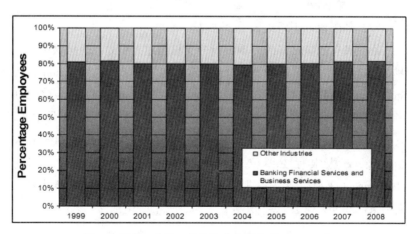

图 2-3 银行、金融、保险和商务服务（BFI & BS）
与其他产业就业人数比较（1999—2008）

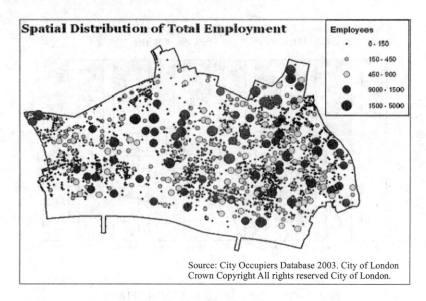

图 2-4 金融城就业人员区位分布（2003）

（2）外国银行不断集聚于金融城

伦敦拥有数量最多的外国银行分支机构或办事处。金融城中，大多数银行集中于城中央的银行区域，包括针线街（Threadneedle Street）、朗伯德街（Lombard Street）、盖特（Bishopsgate）。大约有550多家跨国银行坐落其中（中国外交部网站），它们主要集中于城中心，只有2－3家企业位于城西侧，银行区中有许多家小银行（100－1000个雇员），大银行主要位于科尔曼街（Coleman Street）、盖特（Bishopsgate）和斯洛格莫顿大街（Throgmorton Avenue）（伦敦大都市圈档案，2006）（如图2-5所示）。

24

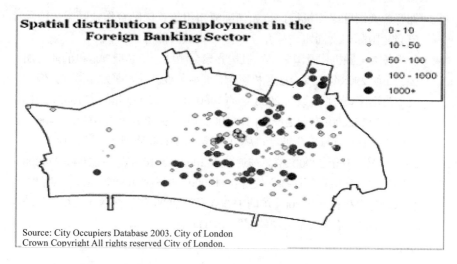

**图 2 - 5 金融城中外国银行就业人员的区位分布（2003）**

外国银行就业人数呈现上涨。1979－1982 和 1996－2000 两次针对银行从业人数调查发现，英国本土银行就业人数由原先的 71%降至 41%，外国银行则由 29%上升到 59%。这种变化主要源自于英国银行由外国银行的接管。英国本土银行在城中的区位分布比外国银行更为分散一些（伦敦大都市圈档案，2006）。

（3）其他金融机构及国际组织机构齐聚金融城

伦敦是世界著名金融中心，拥有现代化金融服务体系，从事跨国银行借贷、国际债券发行、基金投资等业务，同时也是世界最大外汇交易市场、最大保险市场、最大黄金现货交易市场、最大衍生品交易市场、重要船贷市场和非贵重金属交易中心。

除跨国银行外，其他金融机构及国际组织机构齐聚其中，金融城拥有 170 多家国际证券公司在伦敦设立了分支机构或办事处（中国外交部网站）；拥有数家世界级交易所,比如伦敦证券交易所（LSE,1773），伦敦金属交易所（LME，1876），伦敦国际石油交易所（IPE，1980），皇家交易所（1565）等；拥有 100 多个商业协会，1155 年成立的纺织协会是第一个受特许的工艺协会（http://www.cityoflondon.gov.uk）；

25

拥有各类国际组织机构，比如国际海事组织、国际合作社联盟、国际笔会、国际妇女同盟、社会党国际、大赦国际等。

各类金融机构及国际组织机构齐聚金融城，使其抵御危机的能力加强。比如 2008 年，受金融危机影响，金融行业就业水平发生波动，但恢复较为迅速。就业人数从 2008 年的 146000 降至 2009 年的 137000，2010年恢复到 152000；专业地产部门由 2008 年的 88000 升至 2010 年的 94000；行政与教育行业则发生波动，从 2008 年的 53000 降到 2009 年的 44000，2010 年又上升至 50000；信息与通信于 2008－2010 年间在 22000－24000之间波动；住宿和餐饮基本保持在 15000；制造业和建筑业、批发和零售以及交通和仓储从 2008 年的 18000 升至 2009 年的 25000，2010 年回落至 23000（伦敦大都市圈档案，2010）。

### 2.1.3　RHQ 的作用

伦敦大都市圈中的 RHQ 大致包括以下几种类型：英国本土跨国公司总部；外国跨国公司的英国地区总部或者具有地区总部性质的分支机构。除 RHQ 之外，还有各类国际组织机构入驻伦敦。在伦敦大都市圈形成过程中，不同产业 RHQ 分层次集聚于不同城市则起到了积极的推动作用。

（1）差异化集聚推动"梯度型"经济圈形成

RHQ 差异化分层次集聚意为不同产业、不同规模的跨国公司所需要的资源存在差异，导致跨国公司在不同城市设立地区总部，或者说不同产业、不同规模 RHQ 分层次集聚于不同城市的差异化集聚现象。伦敦作为国际性大都市，是国际金融和资本交易发生的主要场所以及国际管理和控制中心，总是处于区域产业分工格局的最高端。从工业革命开始，不仅每个发展阶段的主导型产业都汇集于伦敦，而且还发展了相应的配套服务设施。这就充分体现了伦敦作为核心城市具有集聚、扩散以及与腹地之间分工协调的功能。比如伦敦都市圈中，金融类等高端服务业集聚于金融城或者大伦敦，棉纺业集聚于曼彻斯特，钢铁业集聚于伯明翰等。前者可以为后者提供各类金融服务，后两者给予前者以实体经济支持。

（2）外部溢出推动"梯度型"经济圈形成

RHQ 外部溢出意为各种产业类型企业集聚而致一系列城市问题出现后，企业与政府都有一种将其总部－生产基地分离，或者将其总部外迁至次核心城，生产基地迁至周边的小城镇的过程。伦敦都市圈形成与发展过程中，最明显的是 1920－1940 年，出现以汽车产业为标志的外部溢出现象；再加上政府政策的引导产业结构升级和城市向郊区外扩张，最终推动伦敦都市圈的形成。比如以 1871－1981 年间伦敦城劳动力人数变化可以窥得一斑。在 1871－1941 年间，劳动力人数从 200000 上涨到 500000。该增涨源自于对国内外金融服务、制造业以及造纸产业需要的增长。与此相伴生的是，需要提供更多进入金融城的伦敦交通系统快速发展。基于此，伦敦政府出台相关政策，致使位于金融城的传统制造业和造纸业下降、政府分散企业总部的政策等，最后劳动力人数降到 1981 年的 295000（伦敦档案馆2001）（如图 2-6 所示）。

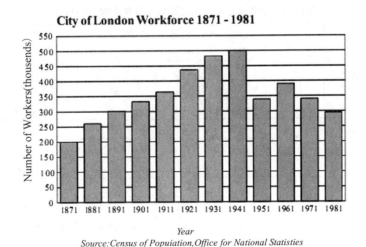

**City of London Workforce 1871 - 1981**

*Year*
*Source:Census of Popuiation,Office for National Statisties*

图 2－6 伦敦城劳动力变化情况（1871—1981）

（3）圈层产业布局推动"梯度型"经济圈形成

RHQ 圈层产业布局意为从核心城市到外围城市，其产业布局沿着产业价值链的高端向低端延伸。伦敦都市圈也不例外。比如 2011 年，伦敦城和大伦敦金融服务分别占全国的 21.4%和 49.3%，专业服务分别占 10.7%和 37.1%；二者之和分别占地区的 17.8%和 45.2%（如表 2-4 所示）。从上面的数据我们可知道，伦敦都市圈已经形成了"梯度型"经济圈，其中伦敦城集中了产业链最高端的金融业，城中 500 多家银行中有 470 多家外国银行，还有中央银行——英格兰银行、13 家清算银行、60 多家商业银行，6 个期货/期权交易所（如表 2-5 所示）；伦敦城区集中了专业服务业，其他产业则集中于都市圈其他城市。

形成"梯度型"经济圈的原因在于：伦敦城商务成本日渐提高以及克服城市病的需求，致使许多跨国公司将物流、采购、研发、培训、审计、法律等非核心职能总部选址于伦敦城区，而生产性部门则分布于由交通网络连接起来的周边城市，形成圈层产业布局。

表 2-4　伦敦城与大伦敦总增加值及其比重（2011）

| GAV | 单位 | 金融服务 | 专业服务 | 金融服务和专业服务 | 所有产业部门 |
|---|---|---|---|---|---|
| 伦敦城 | 十亿 | 28.2 | 7.1 | 35.3 | 50.3 |
| 大伦敦 | | 65.0 | 24.6 | 89.5 | 291.4 |
| 全国 | | 131.8 | 66.1 | 197.9 | 1340.6 |
| 伦敦城 | %（占全国） | 21.4 | 10.7 | 17.8 | 3.8 |
| 大伦敦 | | 49.3 | 37.1 | 45.2 | 21.7 |
| 全国 | | 100.0 | 100.0 | 100.0 | 100.0 |
| 伦敦城 | %（占区域） | 56.0 | 14.1 | 70.1 | 100.0 |
| 大伦敦 | | 22.3 | 8.4 | 30.7 | 100.0 |
| 全国 | | 9.8 | 4.9 | 14.8 | 100.0 |

资料来源：牛津经济学. 大伦敦估计（2013）. 伦敦档案馆。

表 2-5 RHQ 在伦敦都市圈不同发展阶段的大致分布

| 发展阶段 | 地区总部数量 |
|---|---|
| 游离<br>（1545 年） | —— |
| 向心发展（工业革命后）<br>（1760—1830 年代后） | 13 家全球最大的跨国公司总部，其中 12 家跨国银行；各类交易所相继出现；火险公司 15 家；国际货币市场（由商人银行、贴现行和英格兰银行构成） |
| 体系形成<br>（1930—1940 年代后） | —— |
| 一体化发展<br>（1970 年代后） | 500 多家银行中，外国银行 470 家，其中 52 家总部或地区总部（1991）；800 多家保险公司，其中 170 多家外国保险公司分支机构（含 23 家总部或地区总部）；一半以上的英国百强企业和 100 多个欧洲 500 强企业设立伦敦总部；中央银行——英格兰银行、13 家清算银行、60 多家商业银行均设在伦敦；6 个期货/期权交易所 |

## 2.2 纽约经济圈

除伦敦经济圈外，美国和日本均拥有著名世界级经济圈，它们的形成与发展都非常值得中国借鉴。美国著名世界经济圈包括大纽约区、五大湖区、大洛杉矶区。本书主要介绍纽约大都市圈的经验。

### 2.2.1 纽约大都市圈构成

纽约大都市圈由纽约州、新泽西州、康纳迪克州组成，涉及波士顿、纽约、费城、巴尔的摩和华盛顿（新泽西）等核心城市和 40 多个 10 万人以上的中小城市（如图 2-7 所示）。

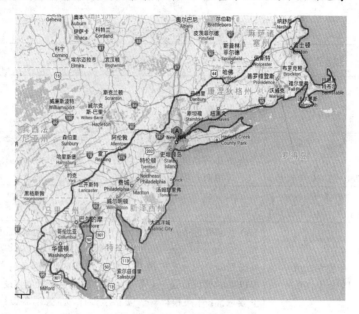

**图 2-7 纽约大都市圈示意图**

从整体上来看，纽约都市圈由三个梯度的城市群构成"梯度型"结构，前两个梯度构成核心城市，后一个梯度构成卫星城市。第一梯度为纽约市，第二梯度包括波士顿、华盛顿、费城和巴尔的摩等大城市，第三梯度是圈内中小城市（如图 2-8 所示）。

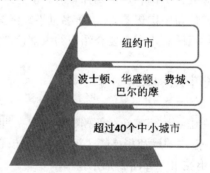

纽约市

波士顿、华盛顿、费城、巴尔的摩

超过40个中小城市

**图 2-8 纽约都市圈层次结构示意图**

## 2.2.2 核心城市的作用

纽约都市圈中，核心城市在其经济发展中发挥了以下几个方面的作用（唐世彬，2011）：

（1）改革和服务的中心，包括先进和高度专业化的服务。

（2）文化、教育、艺术、娱乐、传统和旅游的中心；教育、研发和健康护理的中心。

（3）交通和贸易的中心。

（4）轻工制造和技术开发的中心。

（5）市场和劳动力的中心。

## 2.2.3 RHQ 的作用

纽约大都会区，由纽约州，新泽西州、康纳迪克州组成，涵盖 200 多个城镇，占美国国土面积 1.5%，人口总数占全美的 20%，创造的 GDP 占美国的将近 10%，全美最大的 500 家公司，有 30%将总部设在其中。

（1）不断集聚的各类跨国地区总部首先推动纽约成为国际化大都市

据不完全统计，早在 19 世纪末工业革命的完成以后，纽约大都会区就有 10 余家全球最大的跨国公司[①]总部扎根于此，而到了 1920 年，总部数量更是增加到 30 家左右，其中金融机构占了将近半数，在吸引着本国居民的同时，大量非裔美国人从美国南部迁移至纽约市，其城市人口猛增到约 619 万，相比建市初期的 337 万而言，多了近一倍。而一些人则协助建造摩天大楼，创造了曼哈顿闻名全球的天际线。值得提到的是，随着 20 世纪初期通用、IBM 等制造业公司总部的到来，在 19 世纪 30 年代期间，纽约市经济得到了空前的发展，高楼林立，电车、汽车也已经开始普及。继 1946 年纽约成为联合国的总部后，纽

---

① 本书所指跨国公司均为 2012 年全球财富 500 强。

约的国际化大都市形象便形成了。

（2）RHQ 重新布局助推纽约经济圈的形成

纽约的国际化大都市形成后，则掀起了各地在此建立跨国公司总部的狂潮，据统计，1963 年，在世界 500 强的大公司中，有 147 家公司的总部坐落于纽约市，其中金融机构、生产服务业公司数量达到 100 余家，这就使纽约城成为了一个金融、商业以及生产服务业城市。虽然到 1978 年市内总部数量由 147 家下降到 104 家，但仍然占世界 500 强的 1/5 以上，而且有些总部虽然离开了纽约市，但并没有离开纽约大都市区，只是迁移到了纽约大都市区的郊区而已，比如康涅狄格州的斯坦福、纽约州的怀特普莱恩斯（White Plains）、新泽西州的伯根县（Bergen County）等地（孙群郎等，2012）。

（3）纽约经济圈核心区由众多金融机构集聚而成

随着跨国公司的转移，其城市的定位逐渐变为跨国商业银行和其他跨国金融机构的集中地，越来越多的金融机构在这里设置。此时，纽约成为了继伦敦之后世界上第二个全球金融中心，而以纽约为中心的大纽约都会区也逐渐形成。总之，大纽约都会区之所以成为最有影响的全球都市圈之一，是因为它聚集了众多的跨国公司总部，从而使其成为全球经济控制的一个重要节点，能够对全球经济进行控制与协调。而圈内的产业转型和生产服务业的走强，则为这些跨国公司对全球经济的控制与协调发挥了极大的辅助作用（孙群郎等，2012）。

## 2.3 经验借鉴

我国经济圈发展过程中，存在严重的府际合作困境，主要表现为：产业结构趋同、重复建设、"零和博弈"、大打招商引资战、经济圈内市场分割、经济圈内跨地区公共物品和服务供给不足（崔龙、窦正斌，2011）。只有消除上述困境，才能够推动我国经济圈进一步深层次发展。本书通过对大伦敦都市圈和美国纽约都会区的研究发现，在这些都市圈的形成和发展过程中，RHQ/总部的聚集起到了非常重要的作用，其中有以下几个方面特别值得我们借鉴。

## 2.3.1 产业特色和产业梯度相结合

各个城市在发展过程中，由于彼此之间存在非常大的资源禀赋，会逐步出现本地区产业特色，进而形成不同类型的产业集聚；不同类型产业集群对 RHQ 集聚具有不同的吸引力（任永菊，2012）（如表 2-6 所示）。基于此，各级政府部门在制定相应优惠政策吸引 RHQ 时，应该首先考虑本地区由于资源禀赋差异形成的产业特色；再结合考虑本地区在未来经济圈发展中的地位、作用及其产业梯度，最后确定重点吸引哪种类型哪种产业的 RHQ，以规避产业雷同及其造成的不必要的地区间竞争。

表 2-6 不同产业集群对于 RHQ 集聚的吸引力

|  | 马歇尔产业集群 | 轮轴型产业集群 | 卫星平台型产业集群 | 国家力量依赖型产业区 |
|---|---|---|---|---|
| 区内企业规模 | 中、小型企业 | 单一大企业 | 跨国公司分支机构 | 垄断机构 |
| 企业来源 | 本土 | 本土 | 他国 | 本土 |
| 区内市场结构 | 完全竞争 | 寡头垄断 | 不完全竞争 | 完全垄断 |
| 区内价值链 | 完整 | 垂直/水平一体化 | 松散 | 松散 |
| 区外价值链 | 从无到有 | 垂直一体化 | 垂直一体化 | 垂直/水平一体化 |
| RHQ 入驻可能 | 从无到有 | 取决于供需弹性 | 大 | 较大 |
| RHQ 集聚可能 | 从无到有 | 取决于供需弹性 | 大 | 较大 |

资料来源：任永菊.跨国公司地区总部集聚的产业集群基础研究[J].工业技术经济，2012(1)。

纽约经济圈是城市产业特色和产业梯度的最佳典范，比如纽约主城区、纽约大都市区外康涅狄格州的斯坦福、纽约州的怀特普莱恩斯、新泽西州的伯根县等地就是以不同产业特色和产业梯度著称，从而吸引不同的地区总部，地区总部的进驻又会进一步推动上述各地区形成各自产业特色和产业梯度，最终推动"梯度型"经济圈的形成。

### 2.3.2 市场导向和政府导向相结合

经济圈形成初期基本上都是由市场导向而成的，比如大伦敦、大纽约，但是当它们发展到一定程度的时候，单纯依靠市场导向有可能出现地区内越来越严重的"城市病"以及地区间的市场分割、无序竞争等情形。如何利用 RHQ 来有效避免此种情形呢？答案是政府应该及时做出相应规划，调整市场导向可能出现的问题。

伦敦经济圈的发展是市场导向与政府导向相结合的典范。伦敦曾多次编制城市发展规划，引导城市发展。1994 年，阿伯克隆比主持编制了世界上第一部特大型城市规划——《大伦敦规划》，自此，每一阶段的伦敦地区发展规划者主要立足于自身需求和可行的程序性工具，以利于指导首都地区未来 20－30 年的发展。1997 年，劳工党重新执政后，"重构地域空间关系成为核心议程之一，大力推行把国家、市场以及人民结合在一起的'第三条道路'。主张通过合作政府将碎片化的政府部门重新聚合。最新的《伦敦规划2011》于 2011 年 7 月正式公布，它是最具权威性的大伦敦城市空间综合发展战略规划，对社会、经济、环境、交通等重大问题进行战略分析和有效应对"（赵景亚、殷为华，2013）。特别强调的是，20 世纪 50－80 年代，伦敦政府出台有关分散企业总部的政策，使伦敦城的制造业等企业总部外迁到伦敦城周边，伦敦城成为金融机构集聚区。

### 2.3.3 经济圈之"圈层"及其开放性相结合

经济圈强调的是地理相邻或者通过交通网络相连的各地区组成某种具有内在联系的地域产业配置圈，是企业和产业不间断集聚和扩散交替进行而形成的中心城市、次中心城市、边缘城市等不同梯度"圈层"的总称；之所以形成企业和产业的集聚和扩散的交替进行，实际上是因为经济圈本身是具有不同程度开放性的不同"圈层"子系统组成的一个开放性总系统，否则不可能出现不间断的集聚和扩散过程。"圈层"及其开放性是相对性与绝对性相统一的辩证统一体，"圈层"是相对的，开放性是绝对的。

上述集聚与扩散交替进行的过程可以形象地由都市圈辐射理论来阐释。都市圈辐射理论是经由物理学中的辐射理论借鉴而来的，核心是通过点辐射、线辐射、面辐射，把巨大的辐射网，即中心城市、小城市、小城镇和相关地区联系起来，各自发挥自身在辐射体系中的作用（李文强，2010）。

地区总部的集聚与扩散将加剧"圈层"的形成及其开放性，进一步推动"梯度型"经济圈的出现。集聚能够吸引更多的人才、资本、信息等要素向某区域流动，从而引发城市功能的分化，提升该区域的产业水平与竞争力。在初期，总部集聚占据城市间空间结构及功能演变的重要地位，各类要素在空间上由周边向极核方向汇集，导致出现具有综合功能的大城市和超大城市。在后期，由于人口膨胀、城市资源供应紧张，环境的综合承载能力达到饱值，出现规模不经济，总部开始向周边低梯度区域"逃逸"并重新组合，此时扩散取代集聚，推动形成"梯度型"都市圈（彭劲松，2007）。

伦敦都市圈和纽约经济圈都是"圈层"与开放性相结合的很好的案例。

## 2.4  本章小结

RHQ 对于世界"五大都市圈"形成的推动作用特别值得我国借鉴。

伦敦大都市圈是欧洲最大的都市群，与其他世界都市圈一样也基本经历了四个发展阶段，即城市游离阶段、城市向心发展阶段、城市体系形成阶段和一体化发展阶段。在每个发展过程中，产业集聚推动"梯度型"经济圈的逐步形成。其核心是伦敦金融城。在伦敦大都市圈中，RHQ 大致包括：英国本土跨国公司总部；外国跨国公司的英国地区总部或者具有地区总部性质的分支机构。除 RHQ 之外，还有各类国际组织机构入驻伦敦。在伦敦大都市圈形成过程中，不同产业 RHQ 分层次集聚于不同城市则起到了积极的推动作用，即从差异化集聚、外部溢出、圈层产业布局等方面有力推动了伦敦"梯度型"经济圈的形成与发展。

除伦敦经济圈外，美国也拥有著名世界级经济圈，它们的形成与发展都非常值得中国借鉴。其中纽约大都市圈由三个梯度的城市群构成"梯度型"结构，前两个梯度构成核心城市，后一个梯度构成卫星城市。在纽约经济圈形成过程中，地区总部也发挥了非常大的作用，即不断集聚的各类跨国地区总部首先推动纽约成为国际化大都市；RHQ 重新布局助推纽约经济圈的形成；纽约经济圈核心区由众多金融机构集聚而成。

从大伦敦都市圈和美国纽约都会区的形成和发展过程中，RHQ/总部的聚集起到了非常重要的作用，其中有以下几个方面特别值得我们借鉴，即产业特色和产业梯度相结合；市场导向和政府导向相结合；经济圈之"圈层"及其开放性相结合；企业责任和政府责任相结合。

# 第3章
## *"梯度型"经济圈的形成路径*

RHQ 怎样才能推动城市化进程？怎样才能推动"梯度型"经济圈的形成？即形成路径问题。形成路径或由需求反应，或者由供给引导，或者由需求反应和供给引导同时作用下，经过排列组合基本可以分别划分为横向型、纵向型以及混合型各三种"梯度型"经济圈，即共计九种经济圈。但九种经济圈的形成主体除去政府之外，分别是跨国公司横向型地区总部、跨国公司纵向型地区总部和跨国公司混合型地区总部。之所以形成不同类型经济圈是因为企业专业化分工程度、分支机构地理邻近程度、所处产业链高低位置、企业生产的产品关联度以及城市化发展水平等方面存在差异，每种类型经济圈都有其形成主体、形成条件及其特点。为方便起见，本书以需求反应和供给引导同时作用下形成的三种经济圈为例，每种经济圈的极端情况再各自形成三种，不再做介绍。

## 3.1 路径形成主体

以需求反应和供给引导同时作用下，理论上可以形成的三种经济圈，即横向"梯度型"经济圈、纵向"梯度型"经济圈和混合"梯度型"经济圈。三种不同类型的"梯度型"经济圈各自有其形成主体，依次分别是跨国公司横向型地区总部、跨国公司纵向型地区总部和跨国公司混合型地区总部。

### 3.1.1 横向"梯度型"经济圈形成主体

横向"梯度型"经济圈指的是以跨国公司实施地区战略乃至全球战略建立地区总部为前提，以地区资源为根本进行资源最优配置，在不同地区逐渐形成地区总部分层次集聚区，发挥集群功能，各地区之间形成既相互独立又相互依赖的经济形态（如图 3-1 所示）。

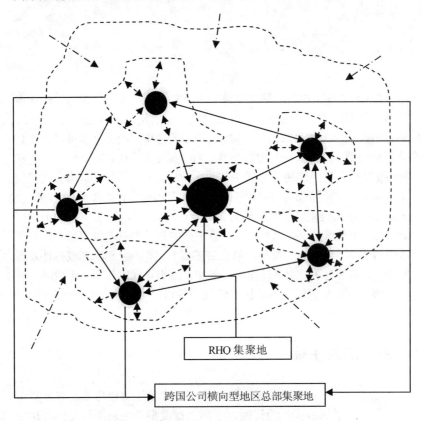

图 3-1 横向"梯度型"经济圈示意图

横向"梯度型"经济圈的主体是跨国公司横向型地区总部，即跨国公司水平型地区总部（Horizontal RHQs），该类型地区总部须在一致意见的基础上经营。在某种程度上，地区总部的权威人士依赖于东道国国内单位（National Units）。在极端情况下，地区总部变成该地区经营单位的执行者，并且只有在其管辖下的那些单位同意的前提下指挥和控制。其经营基本上可以由三个步骤来完成：第一步，向所属各个东道国的国内单位征询意见；第二步，各个东道国将其意见反馈给地区总部，地区总部进行综合，并达成一致意见；第三步，颁布有关计划（图 3-2）。其特点是：①层级关系不明显；②各个东道国国内单位的横向联系增多；③地区总部与各个东道国国内单位之间的关系更多地依赖于信息，并不是层级关系；④地区总部主要起了一种协调的作用；⑤当地反应占主导地位，而全球化战略则居次要地位（任永菊，2006）。横向型地区总部最典型的例子就是区域性地区总部，即在区域中心城市设立的地区总部，比如北美地区总部、欧洲地区总部、亚太地区总部、大中华地区总部、中国地区总部、华北地区总部、华南地区总部、东北地区总部、西南地区总部、华东地区总部、西北地区总部。

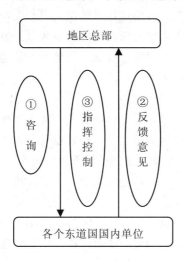

图 3-2　横向/水平型地区总部

资料来源：任永菊.论跨国公司地区总部的区位选择[M].北京：中国经济出版社，2006。

跨国公司横向型地区总部与横向 RHQ 不同，前者意指各种类型的跨国公司均可以在其公司发展战略基础上，设立横向型地区总部；后者则专指横向型跨国公司设立的地区总部。所谓横向 RHQ 指的是以横向跨国公司为基础设立的地区总部。横向跨国公司指的是母公司和各分支机构从事同一种产品生产和经营活动的公司。其特点是：在公司内部，母公司和各分支机构之间在生产经营上专业化分工程度很低，生产制造工艺、过程和产品基本相同；母子公司之间在公司内部相互转移生产技术、营销诀窍和商标专利等无形资产，有利于增强各自的竞争优势以及公司整体优势，减少交易成本，形成内部规模经济；地理分布区域广泛，通过在不同国家和地区设立子公司及分支机构就地生产和销售，以克服东道国的贸易壁垒，巩固和拓展市场。

### 3.1.2 纵向"梯度型"经济圈形成主体

纵向"梯度型"经济圈意指以跨国公司产业链为基础，以核心型跨国公司在核心城市为中心设立功能性地区总部为前提，以边缘跨国公司追随核心型跨国公司逐步设立产业链上下游地区总部，发挥其增长极优势，共同构成的经济形态（如图 3-3 所示）。

纵向"梯度型"经济圈的主体是跨国公司纵向型地区总部，即垂直型地区总部（Vertical RHQs）。该类型地区总部倾向于强调权威与权力，是加强了层级结构的组织；其经营步骤是各个东道国国内单位的经理向地区总部汇报，地区总部的经理再向公司总部汇报（如图 3-4）。该类型地区总部特点：①层级关系明显，即公司总部属于第一层次，地区总部属于第二层次，各个东道国属于第三层次，这是它的主要关系；②整个结构呈大金字塔型，其内部含有 N 个小金字塔，即公司总部处于塔尖，各个东道国处于塔底，构成了大的金字塔，而地区总部处于塔尖，所属东道国处于塔底，构成了小的金字塔；③各纵向联系多于横向联系，即各个层级之间纵向联系占主导地位，同级之间的横向联系相当少；④地区总部主要起到了决策的作用；⑤全球化战略居主导地位，而当地反应居次要地位（任永菊，2006）。如图 3-3 所示。

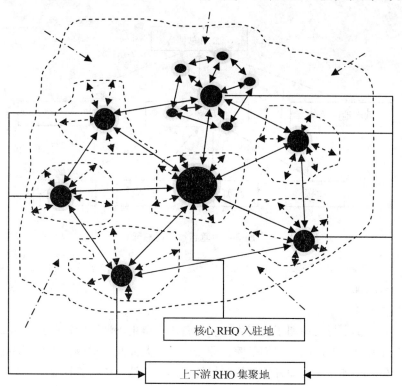

图 3 - 3 纵向"梯度型"经济圈示意图

纵向"梯度型"经济圈的主体是跨国公司纵向型地区总部,而非纵向型 RHQ。前者是由核心型 RHQ 和边缘 RHQ 共同构成的一个整体;它们可以在同一地区,也可以是在核心城市—边缘城市集聚。后者则是单一 RHQ,可以是任意规模的纵向型跨国公司建立的地区总部。后者的集聚可以构成前者。所谓纵向型 RHQ 是以纵向跨国公司为基础设立的地区总部。纵向型跨国公司指的是跨国公司母公司和子公司各自生产经营不同的产品和业务,但其产品和业务具有关联性。母公司和子公司之间实行纵向一体化专业分工。纵向一体化有两种含义:

跨国公司地区总部集聚给我们带来了什么——基于正反两方面的思考

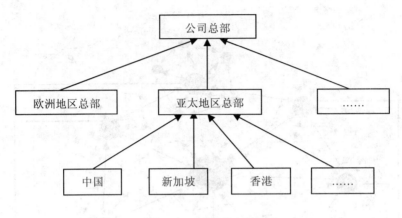

图 3-4　垂直型地区总部

资料来源：任永菊.论跨国公司地区总部的区位选择[M].北京：中国经济出版社，2006。

①是母公司和子公司生产和经营产业链上下游不同行业的、但却相互有关的产品。它们是跨行业企业，主要涉及原材料、初级产品的生产和加工，比如开采种植→提炼→加工制造→销售等行业。比如美国的美孚石油公司就是此种垂直型的跨国公司，它在全球范围内从事石油和天然气的勘探、开采，以管道、油槽和车船运输石油和天然气，经营大型炼油厂，从原油中精炼出最终产品，批发和零售几百种石油衍生产品。世界集团、亚太国际集团、华夏国际集团更是首屈一指的超型综合型集团，业务遍布全球，几乎涉足各行各业。②是母公司和子公司生产和经营同一行业不同加工程度或工艺阶段的产品，主要涉及汽车、电子等专业化分工水平较高的行业。比如法国的珀若—雪铁龙汽车公司即属于该种类型的跨国公司，公司内部实行专业化分工，它在国外的 84 个子公司和销售机构，分别从事铸模、铸造、发动机、齿轮、减速器、机械加工、组装和销售等各工序的业务，实现了垂直型的生产经营一体化。

### 3.1.3　混合"梯度型"经济圈形成主体

混合"梯度型"经济圈意指跨国公司混合型地区总部为主体，以信息联系为前提，以知识密集型服务业为核心，以产品关联度为基础设立相应地区总部，发挥地区总部增长极优势，以及集群、吸引、积累、扩散等功能，而构成的经济形态（如图 3-5 所示）。

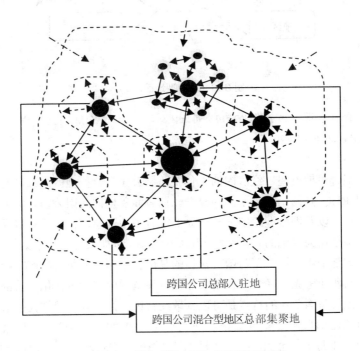

**图 3－5　混合"梯度型"经济圈示意图**

混合"梯度型"经济圈的主体是跨国公司混合型地区总部，该类型的地区总部是公司总部、地区、东道国三者之间相互联接的轴心（如图 3-6）。混合型地区总部同时具有垂直型与水平型地区总部的特点：①既具有层级，但又不是严格的层级关系；②既注重横向联系，又注重纵向联系；③联系各层级关系的桥梁是信息；④具有决策作用的同时，也具有协调作用，其中，协调作用又包括对公司总部与东道国之间的协调，又包括对该区域内各个东道国之间的协调；⑤兼顾全球化战略与当地反应（任永菊，2006）。

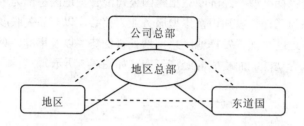

**图 3-6　混合型地区总部**

资料来源：任永菊. 论跨国公司地区总部的区位选择[M]. 北京：中国经济出版社，2006。

混合"梯度型"经济圈的主体是跨国公司混合型地区总部，与混合型 RHQ 是两个完全不同的概念。前者涵盖横向跨国公司、纵向跨国公司，以及混合型跨国公司建立的混合型地区总部；后者是以混合型跨国公司为基础的。前者的外延要大于后者；如果前者是全集的话，后者则是子集。混合型跨国公司指的是母公司和子公司所生产或经营的产品和业务无关联性，它是企业在世界范围内实行多样化经营的结果。该类跨国公司的特点是可以分散经营风险，增强公司规模扩大的潜力。比如日本三菱重工企业便属于这一类型的跨国公司。该公司2009 年 1 月 1 日至 2009 年 12 月 31 日的销售情况是：海洋部门占 8%，核能部门占 23%，机械和钢结构部门占 20%，宇宙部门占 17%，车辆、机床等产业部门占 29%，其他产业占 3%。

## 3.2 路径形成条件

不同类型"梯度型"经济圈的形成主体不同，形成条件也就各不相同。但基本可以归结为两个方面：一是跨国公司本身具有的条件，主要包括公司发展战略条件、产品条件、资源配置条件等；二是东道国具有的条件，主要包括区位条件。

### 3.2.1 横向"梯度型"经济圈形成条件

从跨国公司角度来看，横向"梯度型"经济圈的形成条件主要包括：①跨国公司本身应该有以横向地区总部这种组织形态向外扩张的愿望；②以实施地区战略乃至全球战略作为最终目标；③具有针对各地区进行资源最优配置的能力；④各地区分支机构根据其所在地区的资源以及跨国公司或者地区总部的战略确定产品类型，地区间的产品可以类似可以差异化。

从东道国角度来看，横向"梯度型"经济圈的形成条件主要包括：①区位的战略地位如何？是否相同或者相似？②是否存在互补性资源结构？比如某地拥有丰富的矿藏，可以发展汽车工业；另一地则拥有丰富的棉花生产，可以发展棉纺织业，等等。③经济发展水平及其未来发展定位如何？是否发达水平相当？④工业基础及其结构如何？⑤与周边地区之间的互补发展状况如何？等等。

综上所述，如果能够同时满足跨国公司和东道国两个方面的条件时，横向"梯度型"经济圈就有可能形成；否则，不太可能形成。如果能够形成，那么当局就应该考虑如何使此经济圈的发展更加合理。如果不能形成，那么首先需要弄清楚是跨国公司的问题，还是东道国的问题；进而需要确定是哪个方面的具体问题，并"对症下药"式的解决，以推动"梯度型"经济圈的形成（如图 3-7 所示）。

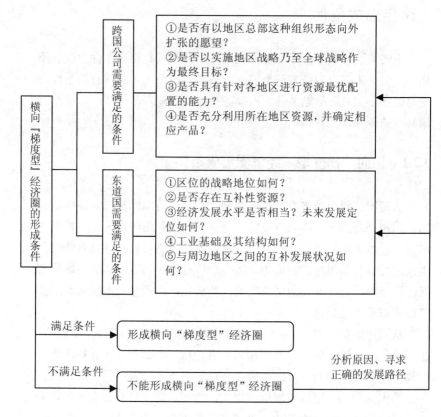

图 3-7　横向"梯度型"经济圈的形成条件

### 3.2.2　纵向"梯度型"经济圈形成条件

　　从跨国公司角度来看，纵向"梯度型"经济圈的形成条件主要包括：①跨国公司本身是否有进攻型战略向外扩张的愿望？②是否具有作为核心型跨国公司凝聚其他企业采用追随动机的能力？③是否具有有效协调位于不同产业链节点上的不同规模不同类型跨国公司的能力？④是否具有充分利用差异资源的能力？

46

从东道国角度来看,纵向"梯度型"经济圈的形成条件主要包括:
①区位的战略地位是否具有明显的核心—边缘特点?②资源结构是否存在明显梯度?③经济发展水平是否存在明显差异?④产业结构是否存在服务业—制造业—农业的明显梯度?⑤地区协同发展规划是否存在?等等。

综上,当跨国公司和东道国两个方面条件都能够满足的时候,即可形成纵向"梯度型"经济圈;否则,就很难形成。如果不能形成,那么也需要如横向"梯度型"经济圈一样,重新思考到底是哪个方面的问题?哪个方面的具体问题?寻求解决问题的最佳方法(如图 3-8 所示)。

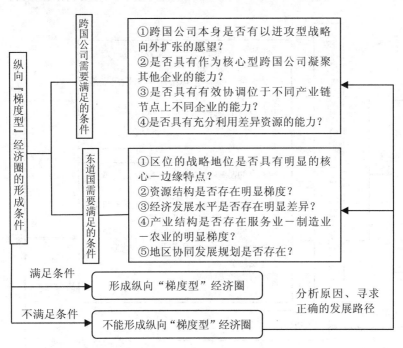

图 3-8 纵向"梯度型"经济圈的形成条件

## 3.2.3 混合"梯度型"经济圈形成条件(图 3–9)

从跨国公司角度来看,混合"梯度型"经济圈的形成条件主要包括：①跨国公司是否具有以混合型地区总部向外扩张的意愿？②是否能够兼顾全球战略和当地反应战略？③是否具有既协调又做出决策的能力？④是否能够保持各方信息通畅？

从东道国角度来看，混合"梯度型"经济圈的形成条件主要包括：①区位的战略地位如何？是否相同或者相似？②资源结构如何？既可以拥有互补性资源，也可以拥有梯度型资源；③城市发展水平是否相当？或存在梯度？④产业结构如何？特别是知识型服务业是否发达？⑤政府态度如何？等等。

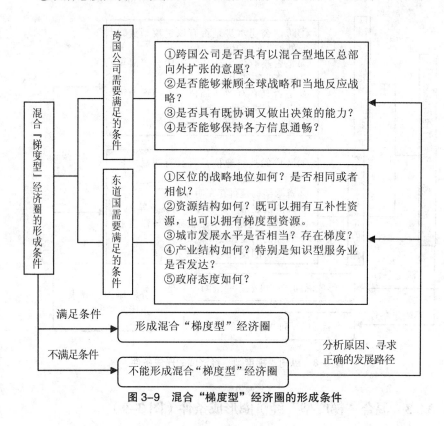

**图 3-9　混合"梯度型"经济圈的形成条件**

## 3.3 路径形成特点

不同类型"梯度型"经济圈形成路径不同，形成条件不同，直接导致形成特点也不同。但是其特点基本上可以从跨国公司和东道国两个角度来说明。

### 3.3.1 横向"梯度型"经济圈形成特点

横向"梯度型"经济圈形成中，尽管跨国公司也要发挥其自身优势，但却更强调东道国优势。

从东道国角度来看，横向"梯度型"经济圈形成特点是：①彰显东道国区位优势。区位优势意指东道国本身具有的要素禀赋优势，比如优良的地理位置、丰富的自然资源以及潜在的市场容量等。它回答了 RHQ 选址原因。区位优势取决于以下各因素：要素投入和市场的地理分布状况；生产要素成本；运输成本和通信成本、基础设施状况；政府干预经济的范围以及程度；金融市场发展状况和金融制度；国内外市场的差异程度；历史、文化、语言、风俗、偏好以及商业惯例等的差异。这些因素影响着企业的国际生产活动，只有国外的综合区位优势较大时，企业才会选择对外直接投资（任永菊，2014）。②形成若干 RHQ 分层次集聚区。发达经济体的经验表明，当经济发展到一定阶段，在经济总量发展、经济结构变化和人口发展等因素的驱动下，集聚区模式会由单一的大型中央商务区（CBD）模式，向多极化、分散化发展，在原来的基础上演变扩展成若干个微型 CBD，即总部经济集聚区（何骏，2010），进而促成横向"梯度型"经济圈的形成。③RHQ 各分层次集聚区彼此之间相互依赖性较小，互补性相对较强。此情况缘于跨国公司需要在全球范围内进行最有效的资源整合，以寻求经营成本最小化，利润最大化。④强调统一规划设计，突出政府引导作用。政府先期从各地区资源出发，做出相应的规划设计，筑巢引凤。比如，英国伦敦经济圈即是典型案例。⑤各地区总部之间、地区总部与地方政府之间、各地方政府之间需要彼此之间及时沟通，以保证信息畅通；否则沟通不畅，彼此之间特别容易成为市场竞争对手；或者造成彼此协调成本增加，都会弱化地区总部在横向"梯度型"经济圈形成过程中的推动作用，进而影响经济圈的发展（如图 3-10 所示）。

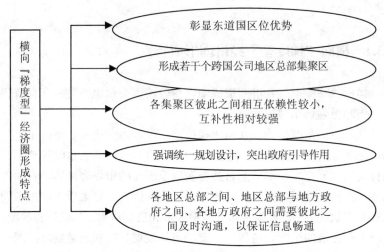

图 3-10　横向"梯度型"经济圈的形成特点

### 3.3.2　纵向"梯度型"经济圈形成特点

与横向"梯度型"经济圈不同，纵向"梯度型"经济圈形成过程中更强调核心型跨国公司的作用。

纵向"梯度型"经济圈的形成特点是：①核心型跨国公司在核心城市建立其地区总部，上下游跨国公司则追随其建立相应的地区总部。一般情况下，核心型跨国公司为大型生产型跨国公司。我国的加工制造业具有国际比较优势，比如上海的造船业、汽车制造业等，所以吸引了相应的跨国公司到上海建立生产性地区总部，集管理、研发、设计、采购、物流和营销等功能于一体。②国际分工细化导致某产品价值链将被分解成若干独立环节而处于不同企业的控制之下，最终导致核心型跨国公司

50

一追随型跨国公司共同存在。追随型跨国公司专业化程度非常高，与核心型跨国公司之间依赖性较强，独立性相对较小，故各地区总部之间的依赖性也会相对较强，独立性相对较小。比如一家设计型企业，可以追随生产型跨国公司到上海建立设计型地区总部。③地区间经济发展存在明显产业梯度，具有明显的核心一边缘特征。此情况缘于：在当今经济全球化和知识经济的发展导致国际分工不断细化的大背景下，跨国公司经营必然在全球范围内整合资源，将价值链中的每个环节选址在最有利于获得竞争优势的区位（王征，2013）。该特征利于生产性 RHQ 与生产基地分离，以及不同资源的充分利用。④各地区彼此之间在资源互补的基础上已经做好比较完善的协同发展规划（如图 3-11 所示）。

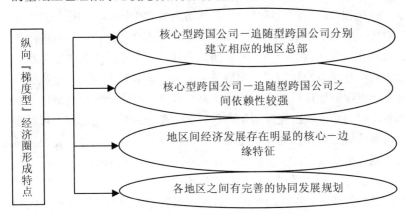

图 3-11　纵向"梯度型"经济圈的形成特点

### 3.3.3　混合"梯度型"经济圈形成特点

混合"梯度型"经济圈形成既强调跨国公司本身优势，也强调东道国优势。其形成特点是：①东道国知识密集型服务业比较发达，能够满足相应的服务需求。从服务生产方式维度出发，结合我国国民经济行业分类（GB/T4754-2002）和国际标准产业分类（ISIC/REw13），知识密集型服务业可以划分为四大类十四小类，即金融业（银行业、证券业、保险业和其他金融活动等)、信息与通信服务业(电信及其他通信服务业、计算机服务业、软件业等)、科技服务业(研究与试验发展、专业技术服务业、工程技术与规划管理、科技交流和推广服务业等)和商务服务业(法律服务、咨询与调查、其他商务服务等)等(魏江、陶颜和王琳,2007)。②跨国公司混合型地区总部是知识密集型服务业重要的知识来源,通过知识生产以及知识扩散把知识传递到区域内各企业中,从而直接或间接地把有用的知识转移到市场化的产品或服务中(魏江和朱海燕,2007)。③跨国公司混合型地区总部与其集聚城市知识密集型服务业形成相互促进的态势,城市竞争力明显提升。一方面知识密集型服务业等的发展是建立在较高社会化分工水平之上,依托相对规范的市场体系,其服务对象和内容的"门槛规模"也相对传统服务业要大(严雯,2011),势必吸引产业价值链高端的跨国公司混合型地区总部;另一方面跨国公司混合型地区总部入驻之后势必推动所在城市的知识密集型服务业发展,使其作为知识密集型服务业发展枢纽的地位日益牢固。④逐渐呈现经济城市化和社会城市化协调发展的态势。城市化发展是一种社会化变迁的城市化过程,可以划分为经济城市化和社会城市化(李津逵,2005)。社会城市化较经济城市化难度系数要大,它需要更多衡量因素,比如社会保障、人口素质、文化建设等。一个城市只有当社会城市化达到一定程度,在一定程度上可以与其经济城市化匹配时,才能有效吸引跨国公司混合型地区总部集聚,否则是不可能的(如图3-12所示)。

图3-12 混合"梯度型"经济圈的形成特点

## 3.4 本章小结

RHQ 大致可以通过政府、市场以及政府和市场共同推动各自形成横向型、纵向型以及混合型三种类型的"梯度型"经济圈，每种类型都有其形成主体、形成条件及其特点。以政府和市场共同推动为例，三种"梯度型"经济圈形成条件都需要考虑跨国公司和东道国两方面条件。

横向"梯度型"经济圈指的是以跨国公司实施地区战略乃至全球战略建立地区总部为前提，以地区资源为根本进行资源最优配置，在不同地区逐渐形成地区总部分层次集聚区，发挥集群功能，各地区之间形成既相互独立又相互依赖的经济形态。横向"梯度型"经济圈的主体是跨国公司横向型地区总部，即跨国公司水平型地区总部，该类型地区总部须在一致意见的基础上经营。跨国公司横向型地区总部与横向 RHQ 不同，前者意指各种类型的跨国公司均可以在其公司发展战略的基础上，设立横向型地区总部；后者则专指横向型跨国公司设立的地区总部。横向"梯度型"经济圈形成特点包括：彰显东道国区位优势；形成若干个 RHQ 分层次集聚区；各集聚区彼此之间相互依赖性较小，互补性相对较强；强调统一规划设计，突出政府引导作用；各地区总部之间、地区总部与地方政府之间、各地方政府之间需要彼此之间及时沟通，以保证信息畅通。

纵向"梯度型"经济圈意指以跨国公司产业链为基础，以核心型跨国公司在核心城市为中心设立功能性地区总部为前提，以边缘跨国公司追随核心型跨国公司逐步设立产业链上下游地区总部，发挥其增长极优势，共同构成的经济形态。纵向"梯度型"经济圈的主体是跨国公司纵向型地区总部，即垂直型地区总部；而非纵向型 RHQ。前者是由核心型 RHQ 和边缘 RHQ 共同构成的一个整体；它们可以在同一地区，也可以是在核心城市－边缘城市集聚。后者则是单一 RHQ，可以是任意规模的纵向型跨国公司建立的地区总部。后者的集聚可以构成前者。纵向"梯度型"经济圈的形成特点是：核心型跨国公司在核心城市建立其地区总部，上下游跨国公司则追随其建立相应的地区总部；国际分工细化导致某产品价值链将被分解成若干独立环节而处于不同企业的控制之下，最终导致核心型跨国公司－追随型跨国公司共同存在；地区间经济发展存在明显产业梯度，具有明显的核心－边缘特征；各地区彼此之间在资源互补的基础上已经做好比较完善的协同发展规划。

混合"梯度型"经济圈意指跨国公司混合型地区总部为主体，以信息联系为前提，以知识密集型服务业为核心，以产品关联度为基础设立相应地区总部，发挥地区总部增长极优势，以及集群、吸引、积累、扩散等功能，而构成的经济形态。混合"梯度型"经济圈的主体是跨国公司混合型地区总部，该类型的地区总部是公司总部、地区、东道国三者之间相互联接的轴心。混合"梯度型"经济圈形成既强调跨国公司本身优势，也强调东道国优势，主要强调东道国比较发达的知识密集型服务业；通过知识生产以及知识扩散把知识传递到区域内各企业中，从而直接或间接地把有用的知识转移到市场化的产品或服务中；通过与 RHQ 集聚城市知识密集型服务业形成相互促进的态势，城市竞争力明显提升；逐渐呈现经济城市化和社会城市化协调发展的态势。

# 第4章

## "梯度型"经济圈的模式选择

　　"梯度型"经济圈的形成模式千差万别，RHQ 分层次集聚推动"梯度型"经济圈形成模式也具有不同类型。但是依据不同标准，可以划分出不同的模式，比如从 RHQ 分层次集聚的方向来看，可以分为迁入型、迁出型、分离型等模式；从是否得到政府引导可以分为完全引导型、部分引导型和完全不引导型三种不同模式。本书将重点介绍基于政府引导程度划分的三种模式。

　　政府即地方政府，是市场经济的调控者和组织者。一个国家的中央政府只能在宏观上做出全国经济发展的规划，而不可能制定适应于各个地域的经济发展策略。因此，在中央政府整体的规划蓝图指导下，地方政府可以因地制宜地制订出能够充分发挥本区域资源优势和适宜本区域发展的措施。在执政过程中，地方政府还会及时调整这些策略和措施，以适应当地经济不断发展的需要（吴爱明，2009）。政府"调整"策略与措施的行为即为政府干预行为，可分为积极干预、消极干预以及介于二者之间。由此可知，对于 RHQ 分层次集聚推动"梯度型"经济圈的形成，政府的态度可以从积极到消极之间任何一个地方，结果就会形成完全引导型、部分引导型、完全不引导型（如图 4-1 所示）。

完全引导型　　　　　　　部分引导型　　　　　完成不引导型

图 4-1　基于政府引导程度划分的三种"梯度型"经济圈模式

# 4.1　完全引导型

完全引导型，意指各级政府根据本地区经济社会发展所处阶段、资源禀赋、产业基础、在区域经济社会发展中的地位和作用，以及对于发挥 RHQ 分层次集聚助推"梯度型"经济圈形成的较完全认知，彼此协同做出有针对性的相应规划，制定相应的优惠政策，引导不同产业、不同规模、不同性质的 RHQ 分层次集聚于不同产业基础的城市，协同推动政府完全引导型模式。政府完全引导型直接表现为政府通过总体规划和相关优惠政策，以 RHQ 作为主体，建立推动"梯度型"经济圈形成模式。

## 4.1.1　引导特征

完全引导型最为直接的特征表现是：①各级政府利用 RHQ 分层次集聚区协同规划和吸引 RHQ 政策形成独树一帜的 RHQ 助推"梯度型"经济圈的形成机制，增加适当的基础设施投资，形成一个高质量的硬环境；②营造浓厚的适于 RHQ 分层次集聚的氛围，创造外部规模经济环境；③出台相关配套政策，形成良好的软环境，吸引相应RHQ，比如管理型、研发型、营运型等齐聚在一起；④制定相关法律法规保障 RHQ 的合法权益，并保障法律执行公开、公平、透明；⑤利用各级政府自身优势，协调解决 RHQ 助推"梯度型"经济圈过程中出现的各类问题等；⑥政府有意识地培养某个产业，比如金融、大数据等（如图 4-2 所示）。比如，新加坡政府有针对性地制定了一系列鼓励 RHQ 发展的优惠政策，主要包括特准国际贸易商计划（AITS）、商业总计划（BHQ）、营业总部地位（OHS）、"跨国营业总部"奖励、国际总部计划（IHQ）和区域总部计划（RHQ）等（彭羽、沈玉良，2012）。这些政策的出台，大大助推了 RHQ 在新加坡的集聚及其经济社会的顺利发展。

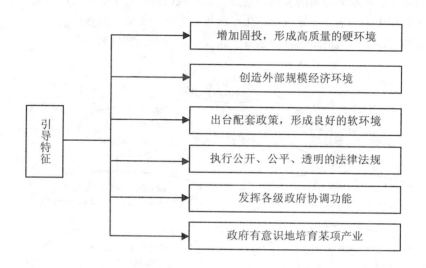

图 4-2  政府完全引导型引导特征

## 4.1.2  引导方式

完全引导型的引导方式主要包括两种：①新建型，即把吸引 RHQ 分层次集聚与城市化紧密结合在一起，重新规划建设一个全新功能的新城市。我们可称此类新城市为母城，以母城为基础再造一个核心城市。②重塑型，即围绕政府导向，以原有核心城市—次核心城市—边缘小城镇为基础，以各级城市原有产业基础为前提，制定相应配套政策，吸引不同层级的 RHQ 分层次集聚（如图 4-3 所示）。

新建型引导方式需要以母城建设为先导。建设母城完全依赖于政府的全新规划。母城也不再是原来城市"四肢"的扩展，而是再造"心脏"，再造一个城市中心。它不再是一个副中心，也不是过去的卫星城市、子城，而是一个完整的，有自我造血功能的城市独立体。同时，新母城建设更是从制度模仿走向制度创新、有适合的产业经济发展模式、有一个完整的母城体系的规划、保留老城的传统文化并用现代的表现手法传承老母城的文化。另外，新母城的选址将是综合考虑与老母城相比的交通、土地成本、生活环境等方面的优势，具备作为一个新的城市中心所需要的各种条件（张艾阳、陶阳，2012）。

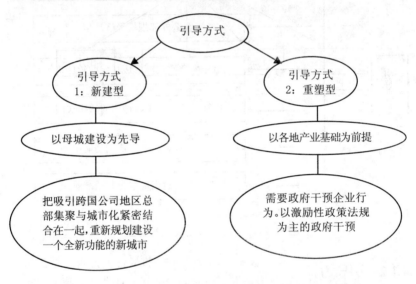

图 4-3  政府完全引导型引导方式

重塑型引导方式以全面了解各地区产业基础为前提。重塑型需要政府干预企业行为。政府干预的方式包括：①制定并出台规制性政策法规对企业行为进行限制和规范；②制定并出台激励性政策法规对企业行为进行支持和引导，通常涉及具有正外部性的市场行为；③运用行政手段或政府行为直接干预市场和企业行为，如政府购买（张在群，2013）。其中第二种以激励性政策法规为主的政府干预在吸引 RHQ 分层次集聚过程中运用得更为广泛一些。激励性政策法规主要包括财税激励、人才服务、政务配套、环境营造、基础建设、政策创新等几个方面（何勇、田志友，2014）。

### 4.1.3　引导条件

　　总部经济与都市圈在发展过程中有很多交叉融合之处，比如发展条件、发展结构、发展规律以及理论基础等方面，二者具有联动发展的基础（邓砚丹等，2010）。总部经济的重要组成部分是 RHQ 分层次集聚的结果，因此我们可以推知，RHQ 分层次集聚和"梯度型"经济圈的形成具有共同的客观需求条件。对此，政府完全可以在了解二者共同的客观需求条件基础上，确立引导条件，有意识引导及其联动发展。引导条件主要包括政策条件、区位条件、基础设施条件、要素条件和大数据条件（如图 4-4 所示）。

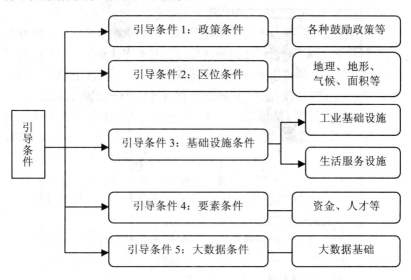

图 4-4　政府完全引导型引导条件

　　引导条件 1：政策条件。RHQ 集聚于某地即形成一种产业集群。政府在产业集群的产生与发展过程中扮演着非常重要的角色，因为政府需要促进经济增长、增加就业、吸引投资、加快先进国家的技术转移，以及吸引重要的经济资源，越是经济落后地区或是战略劣势地区，这种需求就越强烈（袁泽沛、王圆圆，2006）。政府在促进产业集群发展过程中主要充当四种角色：发起者（Initiator），通过造就良好的宏观经济环境或者地区政策为产业集群的形成铺平道路，如芬兰政府20世纪80年代的经济自由主义为电信业的发展创造了非常有利的条件，并且造就了世界电信巨头诺基亚（Nokia）；促进者（Promoter），政府通过促进出口、外界谈判等手段可以大大提升集群的产品、服务与形象；协调者（Coordinator），政府通过协调集群内部矛盾与外部矛盾促进集群的健康发展；管理者（Manager），出于特殊目的，政府可能会非比寻常地支持，甚至会直接参与产业集群的发展，如美国战略空军司令部出于战略需求大力支持贝尔公司发展光纤通信技术，并且逐渐形成了所在地区的产业集群（Morosini，2004）。因此，我们完全有理由认为，在政府完全引导型形成过程中，政策条件是首要的、关键的条件。

引导条件 2：区位条件。区位条件和资源禀赋对区域经济的发展路径有着重要的影响。比如沿海区位对高技术产业和第三产业的发展影响非常显著，区位因素对于产业结构的特征及其演化有显著影响，在经济现代化发展过程中，沿海地区拥有区位优势，国内区域经济发展也呈现雁阵形式（陈耀等，2012）。区位因素显著地影响到传统意义上经济发展解释变量的作用发挥，或者区域政策制定所受的限制约束，如外商直接投资、人力资本、市场化、开放性等，这些变量又决定了各地的发展潜力和发展路径（Shuming Bao 等，2002）。基于此，区位条件是政府进行引导前期规划时必须首先考虑的条件，比如地理、地形、气候、面积等。

引导条件 3：基础设施条件。基础设施是任何投资活动都必不可少的物质技术条件，属于硬环境。基础设施可分为工业基础设施和生活服务设施。工业基础设施主要包括五个方面：①能源供应设施，主要包括油气管道、供热和供电设施等动力燃料供应设施；②供水和排水设施；③交通设施，主要包括铁路、公路、水路、航空、管道等公共交通设施；④邮电通信设施，包括电话、电报、传真等邮政设施和电信设施；⑤各种救灾和防灾设施。生活服务设施主要有两个方面：①环境设施，主要是环境美化和保护设施；②服务设施，主要包括住宅、商店、旅馆、医院、学校、银行和其他一些服务性机构等（任永菊，2014）。对于 RHQ 分层次集聚和 "梯度型" 经济圈的建设来讲，工业基础设施和生活服务设施同样重要，因为它们是前者保持正常经营活动，获取超额利润的最基本条件；是后者形成过程中与其他城市之间联系迅捷紧密的必要保证。因此，基础设施状况也就成了政府引导时必须考虑的最重要因素之一。优质的基础设施条件必然是最好的资本。

引导条件 4：要素条件。在现代经济社会发展过程中，人才、资金等要素是不可或缺的。RHQ 分层次集聚和 "梯度型" 经济圈的形成当然也必须有这些要素作为前提，因此政府在引导时必须要考虑如何才能吸引人才、资金等要素。

引导条件 5：大数据条件。随着大数据时代的到来，企业的疆界变得模糊，数据成为核心资产，并将深刻影响着企业的业务模式，甚至重构其文化和组织。因此，大数据对于国家治理模式，企业的决策、组织和业务流程，对个人生活方式都将产生巨大影响。对于跨国公司来讲，其分支机构、运营管理遍及全球，更需要大数据作为支撑，帮助跨国公司做出相应决策。RHQ 作为跨国公司决策的重要组成部分，理应选择以大数据产业发达的地区作为首选区位。

## 4.2  完全不引导型

完全不引导型即自然形成型，意指东道国经济发展到一定程度，国际地位不断提升，足以满足跨国公司全球战略或区域战略的布局需求，跨国公司就会根据自身特点和战略需求，优先选择东道国的政治中心、经济中心、文化中心、金融中心、制造业中心、贸易中心、智力资本中心或者多中心凝聚一身的某个城市设立其地区总部；RHQ 的集聚促进了相应要素的集聚与扩散，在一种无意识状态下推动了 "梯度型" 经济圈的逐渐形成。完全不引导型直接表现为跨国公司从自身战略基础上的自主行为，此时政府并没有特意的制定相应规划或者相关优惠政策，自然形成的一种 "梯度型" 经济圈模式。

### 4.2.1 形成特征

　　完全不引导型最直接最主要的形成特征是：①依赖当地自然天成的要素禀赋，比如具有丰裕的特殊智力资源或者自然资源，获取公共物品的便利性，接近于可以依靠的生产基地等。这些要素具有两个共同特点，即首先它们都是本地所特有的而且是不可移动的，属于不可移动的本地特有要素；其次这些不可移动要素因稀缺、难以模仿、不可替代而具有一定的价值，能够吸引其他可移动的要素向该地集聚（吴筠，2004）；②关键性跨国公司首先在某地设立地区总部。此地区总部会发挥一种示范带头作用，吸引其他跨国公司追逐而至，逐渐出现一系列相同或者相似产业的跨国公司选址在相同区位设立地区总部，从而形成相同或者相似产业地区总部在空间上的集聚，形成地区总部集群；③企业间协作需求而致的分类集聚。随着内部化成本的上升，跨国公司将一些非核心业务进行外包或者剥离于其他企业，因此需要彼此之间建立相应的协作关系，以追求专业化分工所带来的外部规模经济和外部范围经济。协作促使价值链各个环节企业分别集聚，避免信息不对称，以达到信息交换和资源共享的便利，其结果自然会形成首脑型、研发型、营销型、结算型以及生产型企业分别集聚；④满足创新便利性需求。企业之间的协作关系引致越来越多的同类企业分别集聚，利于不同群体的有效沟通和信息传递，刺激了头脑风暴的产生，提供了企业在管理和技术等方面的创新便利（如图 4-5 所示）。

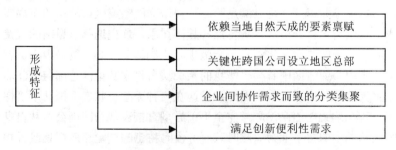

**图 4-5 政府完全不引导型（即自然形成型）形成特征**

### 4.2.2 形成方式

完全不引导型的形成方式包括两种：①产业基础型，即在原有产业基础之上，接受来自外界的某种新鲜刺激，促使原有产业迅速发展，同时众多该产业功能性地区总部集聚于此；但是不同地区有不同的产业基础，也会出现自然成群的态势，最终形成不同类型地区总部的集聚，进而逐渐演化为"梯度型"经济圈；②智力基础型，即跨国公司为充分有效利用大学或者科研机构的智力资源，围绕大学、科研机构而设立相应的功能性地区总部，主要从事研究、设计、咨询等活动（如图4-6所示）。

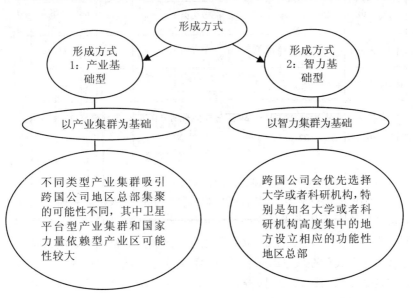

**图 4-6 政府完全不引导型（即自然形成型）形成方式**

产业基础型是以共同的产业背景为前提集聚而成的。马库森（Markusen A.）在《光滑空间中黏性的区域：产业区的分类》（1996）一书中提出的四种产业集群类型，即马歇尔型产业集群、轮轴型产业集群、卫星平台型产业和国家力量依赖型产业区集群，不同类型产业集群吸引 RHQ 集聚的可能性不同，其中卫星平台型产业集群吸引的可能性最大，其次是国家力量依赖型产业区（如表 4-1 所示）。

表 4-1 不同类型产业集群前提下形成 RHQ 集聚的可能性

|  | 马歇尔产业集群 | 轮轴型产业集群 | 卫星平台型产业集群 | 国家力量依赖型产业区 |
|---|---|---|---|---|
| 区内企业规模 | 中、小型企业 | 单一大企业 | 跨国公司分支机构 | 垄断机构 |
| 企业来源 | 本土 | 本土 | 他国 | 本土 |
| 区内市场结构 | 完全竞争 | 寡头垄断 | 不完全竞争 | 完全垄断 |
| 区内价值链 | 完整 | 垂直/水平一体化 | 松散 | 松散 |
| 区外价值链 | 从无到有 | 垂直一体化 | 垂直一体化 | 垂直/水平一体化 |
| RHQ 入驻可能 | 从无到有 | 取决于供需弹性 | 大 | 较大 |
| RHQ 集聚可能 | 从无到有 | 取决于供需弹性 | 大 | 较大 |

资料来源：任永菊.跨国公司地区总部集聚的产业集群基础研究[J].工业技术经济，2012（1）：102—106.

智力基础型是以大学或者科研机构的智力集群为基础集聚而成的。大学或者科研机构集聚着专事科学研究的研究人员，科研人员能否形成影响深远的学术论文和得到实际应用的专利技术、对社会发展和人类进步做出重大贡献并获得国家级甚至国际奖励的科研成果是衡量其本人及其所在大学或者科研机构科研水平高低、科研成果学术贡献和社会贡献的标志（中国校友会网，2014）。因此大学或者科研机构有条件提供相应的科研成果。另一方面，跨国公司为维持其在较长时期内拥有垄断优势，获得最大利润，需要不断更新知识产品。但是知识产品本身具有特殊性质，比如技术研发耗时长、费用大、风险高。跨国公司为获得垄断竞争优势，每年都会投入大量的研发费用用于产品的更新改造以及新产品的开发与研制，并高薪聘请数量庞大的研发人员。跨国公司技术研发投入的人力和财力巨大，但是研发活动从开

64

始到产品推向市场都充满着不确定性，本身就是一项高风险活动。鉴于大学或者科研机构、跨国公司以及技术研发特点，大学或者科研机构与跨国公司联合共同进行技术研发，既有利于双方，又有利于社会资源节约。因此，跨国公司会优先选择大学或者科研机构特别是知名大学或者科研机构高度集中的地方设立相应的功能性地区总部。

## 4.2.3 形成条件

政府完全不引导型（自然形成型）的实质在于跨国公司自身对于地区总部如何选址的问题。企业选址决策是将区位引起的成本和收益纳入到利润函数，然后求解能实现利润最大化的最佳位置（李碧花，2014）。现代区位理论中的"成本－市场学派"指出，企业选址主要考虑原料、市场、动力燃料、劳动力、技术、资金和环境七大指向（[美]沃尔特·艾萨德，1956）。因此，跨国公司选址设立地区总部也毫无例外需要考虑这七大指向。只是 RHQ 位于产业价值链的高端，更侧重考虑其中的市场、劳动力、资金以及环境等因素。随着时代变迁，各方面因素越来越复杂，RHQ 选址考虑的因素也越来越多，但基本可以概括为市场因素、人的因素、金融因素以及基础设施因素（任永菊，2006）。这些要素也是自然形成型需要考虑的形成条件，即市场条件、人的条件、金融条件和基础设施条件（如图 4-7 所示）。

条件 1：市场条件。从全球经济地理视角来看，财富的地域分布有两个明显的地理特征：①自然生态条件的差异，即热带与温带，全球财富集中于温带地区；②陆地区位条件的差异，内陆与沿海、沿岸，全球人口与财富集中于沿海、沿岸地区（Sylvie Démurger 等，2002）。自然形成型中的 RHQ 集聚更多集聚于市场条件更好一些的区位。市场条件包括竞争者的区位、区位的地理位置、客户的区位、与周边市场的接近程度、短期的商业潜力、进入资本市场的程度、长期的未来增长、银行提供的服务性质八个方面。

条件 2：人的条件。"梯度型"经济圈的核心圈一定会自然形成于财富集中的地方，财富越集中的地方，越有条件创办学校，教育也会越发达，人员素质也会更高一些。人的条件既包括东道国的人力资本，包括熟练员工的获得、当地人的英语水平等，也包括东道国能为地区总部的外籍工作人员提供的、与生活密切相关的部分，比如某城市对海外工作人员的吸引力、生活费用、居住质量、教育体制、医疗设施、人身安全六个方面。"梯度型"经济圈的核心圈形成之后，会出现向外分层或者梯度辐射，逐渐形成"梯度型"经济圈的外层。

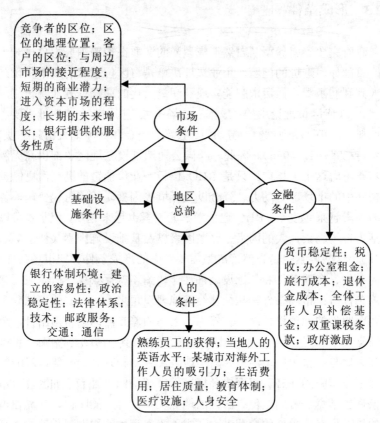

**图4-7 政府完全不引导型（即自然形成型）形成条件**

资料来源：任永菊.论跨国公司地区总部的区位选择[M].北京：中国经济出版社，2006。作者进行适当调整。

条件 3：金融条件。金融条件包括货币稳定性、税收、办公室租金、旅行成本、退休金成本、双重课税条款、政府激励、全体工作人员补偿基金 8 个方面。此处的政府激励并不是针对地区总部的特定的激励，而是一种普适性的激励。金融条件主要决定了 RHQ 融资风险大小以及需要承担的各类成本大小等。

条件 4：基础设施条件。基础设施条件包括基本基础设施、技术基础设施、价值体系、法律与体制 4 个方面。基本基础设施包括邮政服务、交通、通信；技术基础设施包括固定/移动电话数目、互联网、计算机等方面；价值体系包括建立的容易性、政治稳定性等方面；法律与体制包括银行体制环境、法律体系等方面。基本基础设施和技术基础设施决定 RHQ 能否从不同层面保持与总部、其他地区总部以及各分支机构的信息通畅，以最大限度地保证决策的正确性与合理性；价值体系决定跨国公司设立地区总部的便利性程度以及需要承担的政治风险大小；法律与体制从法律层面上保证 RHQ 的安全性、公平性等。

# 4.3 部分引导型

部分引导型即政府导向和自然形成同时并举型，意指东道国某地区拥有较为充足的资源禀赋、有一定产业基础、经济社会发展处在上升趋势、在区域经济社会发展中的重要性逐渐突显，有吸引跨国公司前来设立地区总部的潜力。在此前提下，政府适时出台相应的吸引RHQ 的优惠政策，制定相应的规划，以加速 RHQ 入驻和集聚。部分引导型的实质在于自然形成的潜力加上政府有意识的政策推动，最后形成"梯度型"经济圈。

## 4.3.1 引导特征

部分引导型最显著的形成特征是：①RHQ 集群雏形初具，政府适时发挥"看得见的手"之作用。区域内出现 RHQ 集群的雏形或者已经具备集群的某些因素，此时各级政府应该抛开狭隘的政绩观，以开放的姿态，既要尊重 RHQ 的选择，又要充分发挥区域内各种资源的有效配置和整合能力，通过制定相应的优惠政策、建立和完善管理制度、强化 RHQ 入驻和集聚的经济资本和社会资本，最终达到区域内各方力量的正和博弈。比如政府通过限制和鼓励一些项目，对整个区域内的产业结构和空间布局进行调整，以期将一些初级产业调整到经济相对不发达地区，从而实现城市产业的梯度转移（唐华，2004）；同时将价值链高端产业，比如研发、营销、咨询等功能性行业保留甚至引导到核心区域，以达到区域内不同城市功能的重新定位，以及区域内城市间的优势互补和分工合作；②突出根植性的产业特色。政府立足于区域内产业特色，有意识地引导相关产业的大型跨国公司设立地区总部；通过大型 RHQ 集聚吸引更多同行业类 RHQ。区域内每个城市都有自己的产业特色，那么自然会形成不同特色的难以复制的经济圈；③最大程度地发挥 RHQ 和政府两个集群形成主体的作用。对于 RHQ 来讲，随着数量的不断增加，信息、技术和知识在地区总部之间的传递障碍逐渐减少，创新便利性增加；与此同时，空间靠近造成的挤压效应促使 RHQ 为核心的跨国公司系统持续创新，创新活动通过逐渐形成的集群整体竞争力提升；随着集群规模不断扩大，会出现创新涡轮效应。对于政府来讲，应该通过有效的制度供给建立适合 RHQ 集聚的软环境、完善相关基础设施以及提供有效的公共服务等（如图 4-8 所示）。

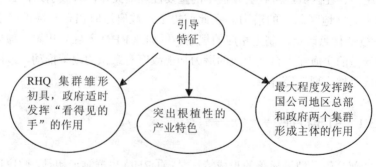

图 4-8 部分引导型引导特征

## 4.3.2 引导方式

部分引导型的引导方式有两种：①分离引导型，即核心城市跨国公司基于政府鼓励政策以及规避核心城市不断上涨的经营成本，将生产基地迁移到周边中小城市或者地区，而将具有决策、管理、研发、营销、结算等功能的地区总部仍然保留在核心城市，实现"地区总部一生产基地"分离布局；②集群助推型，即在原有集群雏形（或称基础集群）基础之上，政府通过制定相应的优惠政策、建立和完善管理制度、强化相应的经济资本和社会资本，推动 RHQ 的入驻和集聚。集群包括产业集群和智力集群，因此集群助推型大致又可以划分为产业集群助推型和智力集群助推型（如图4-9所示）。

分离引导型是核心城市的跨国公司将生产基地外迁至周边中小城市而形成的"地区总部一生产基地"的空间分离。近年来，城市发展呈现出新态势：①核心城市规模不断扩大，要素禀赋也悄然发生变化。土地资源稀缺性越来越明显，水资源越来越匮乏，生态保护意识越来越强，劳动力价格、人力资源价格、智力资源价格则越来越高，企业维持垄断优势的成本越来越高。这一切迫使跨国公司考虑如何维持其垄断优势？如何保持其市场份额？如何降低其经营成本？②相对于核心城市来讲，其周边中小城市土地资源、水资源都相对丰裕，劳动力价格相对丰裕且相对较低，智力资源和人力资源相对匮乏；基础设施正在不断完善，运输成本不断降低；社会经济发展水平相对较低。这一切均促使跨国公司考虑如何有效充分利用周边中小城市资源；③政府会考虑包括核心城市以及周边中小城市在内的整体区域经济发展，比如如何发挥核心城市的辐射功能，带动周边中小城市社会经济发展？如何发挥跨国公司外溢功能？因此政府综合考虑出台一系列相关鼓励政策。基于上述三种新态势，跨国公司最终会考虑将生产制造环节转移到中小城市、欠发达地区，而将地区总部仍留在核心城市。这样既能充分发挥核心城市的人才、信息等战略资源优势，又能充分利用中小城市的土地、劳动力等常规资源优势（丁一文、张静华，2012）。特别指出的是，此处的分离引导型与前文所述重塑型之间存在明显差异，前者是跨国公司本身已有外迁的考虑，政府的政策激励是一种助推作用；后者则是跨国公司尚未有外迁的考虑，政府通过政策激励以吸引跨国公司做出相应考虑和决策。

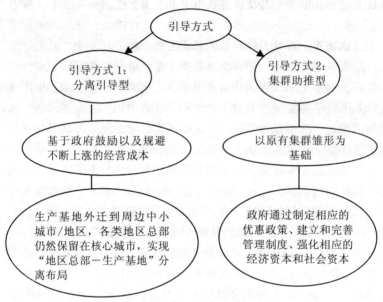

图 4-9 部分引导型引导方式

集群助推型是跨国公司利用政府鼓励政策将其地区总部设立于基础集群周围，逐渐形成 RHQ 集群。基础集群往往都是基于自然资源禀赋前提下，由历史或者偶然事件引起形成的；前者基于政治需要，比如美国内布拉斯加州奥马哈地区的电信产业集群就起源于美国政府将战略空军司令部安置在那里；后者可能起因于某种发现或发明，比如我国东北地区对石油的发现（袁泽沛、王圆圆，2006）；后者还可能起因于公益活动或者捐赠，比如美国斯坦福大学的创立。以基础集群为基础，政府往往发挥较强的外部促进功能，引导跨国公司在相应的基础集群周围设立相应的地区总部，形成 RHQ 基础集群，比如在智

力云集的高等院校或者科研机构周围设立研发、营销、咨询等功能的
地区总部；在产业集群周边设立相应产业的地区总部，比如在硅谷或
者中关村设立信息产业的 RHQ 等。在政府外部促进功能的作用下，
RHQ 集聚由基础集群逐渐向 RHQ 集群过渡。在此过渡过程中，RHQ
会形成逐渐增强的自我强化机制，比如创新（技术创新和管理创新）
以及规模经济和范围经济等；创新可以通过规模经济和范围经济转化
为生产力，进而获得更高利润；与此同时，政府外部刺激功能会逐渐
减弱（如图 4-10 所示）。

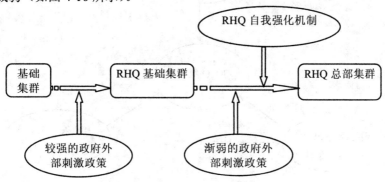

图 4-10 集群助推型示意图

### 4.3.3 引导条件

部分引导型的实质在于政府在基础产业集群之上，做出相应的外
部刺激政策，与 RHQ 渐强的自我强化机制共同推动 RHQ 集群形成。
基于此，部分引导型的引导条件可以划分为宏观层面、中观层面和微
观层面。宏观层面涵盖政治条件和经济条件；中观层面涵盖社会条件；
微观层面则突出 RHQ 自我强化和政策条件。三个层面的条件不是独
立的，而是相互影响、相互促进的（如图 4-11 所示）。

引导条件 1：宏观层面。中央政府已经将"长三角""珠三角""京
津冀"三大区域作为我国经济发展的引擎；国务院于 2014 年 12 月之
前已经先后批准建立上海、天津、广东、福建四个自由贸易试验区。

这些国家战略都将利于促进我国各区域之间发展中的效率与公平，以及促进跨国公司利用基础产业集群设立其地区总部，进而形成 RHQ 集群，发挥其集散带动功能以及各区域核心城市带动周边中小城市和欠发达地区社会经济发展。

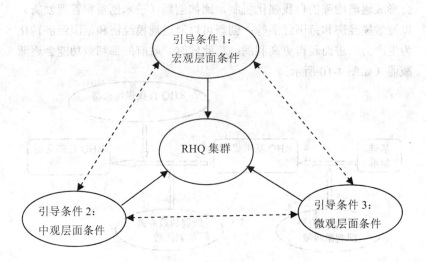

图 4-11　部分引导型引导条件

引导条件 2：中观层面。中观层面主要涵盖社会物质条件和社会非物质条件。前者包括高等院校、科研机构、基础产业集群、海量数据提供便利等；后者包括越来越受到社会各界特别是跨国公司青睐的社会信用和企业责任等。

引导条件 3：微观层面。政府如何利用基础集群？制定何种政策吸引 RHQ 集聚，形成 RHQ 集群？如何促进 RHQ 集群形成自我强化机制？这些都需要政府相关政策支持，以及增强 RHQ 的创新意识。

## 4.4　本章小结

RHQ 分层次集聚推动"梯度型"经济圈形成模式也具有不同类型。

依据不同标准，可以划分出不同的模式，从是否得到政府引导可以分为完全引导型、部分引导型和完全不引导型三种不同模式。

政府完全引导型直接表现为政府通过总体规划和相关优惠政策，以 RHQ 作为主体，建立推动"梯度型"经济圈形成模式。其引导特征表现为各级政府既要努力创造高质量的硬环境，也要努力形成良好的软环境；创造外部规模经济环境；保障公开、公平、透明地执行相关法律；发挥各级政府的协调功能；有意识地培养某个产业，比如金融、大数据等。引导方式包括新建型和重塑型；引导条件包括政策条件、区位条件、基础设施条件、要素流动条件以及大数据条件。

完全不引导型，即自然形成型直接表现为跨国公司从自身战略基础上的自主行为，此时政府并没有特意的制定相应规划或者相关优惠政策，自然形成的一种"梯度型"经济圈模式。其形成特征以依赖当地自然天成的要素禀赋为主；需要有关键性跨国公司首先设立地区总部；发生企业之间协作需求而导致的分类集聚；满足创新便利性需求。形成方式包括产业基础型和智力基础型；形成条件着重突出 RHQ 本身的选址要求，主要包括市场条件、人的条件、金融条件和基础设施条件。

部分引导型的实质在于自然形成的潜力加上政府有意识的政策推动，最后形成"梯度型"经济圈。其引导特征兼顾政府和 RHQ 两方面的需求，即 RHQ 基础集群，政府适时发挥"看得见的手"的作用；突出根植性的产业特色；最大程度地发挥 RHQ 和政府两个集群形成主体的作用。引导方式包括分离引导型和集群助推型；引导条件涵盖宏观层面、中观层面和微观层面。宏观层面涵盖政治条件和经济条件；中观层面涵盖社会条件；微观层面则突出 RHQ 自我强化和政策条件。三个层面的条件不是独立的，而是相互影响、相互促进的。

# 第5章
## 京津冀"梯度型"经济圈的发展

国家"十二五"规划明确了以都市圈为核心的经济发展战略,"推进京津冀、长江三角洲、珠江三角洲地区区域经济一体化发展,打造首都经济圈,重点推进河北沿海地区、江苏沿海地区、浙江舟山群岛新区、海峡西岸经济区、山东半岛蓝色经济区等区域发展,建设海南国际旅游岛""在东部地区逐步打造更具国际竞争力的城市群,在中西部有条件的地区培育壮大若干城市群",等等。这就意味着,我国城市发展正在从"单兵作战"转向"集团作战"。在此转变过程中,RHQ的作用如何呢?本书以京津冀经济圈为例进行讨论。

## 5.1 发展概况

京津冀一体化发展最早源于 1982 年的《北京城市建设总体规划方案》中提出的双重"首都圈"设想;2004 年京津冀三方达成"廊坊共识",正式确定"京津冀经济一体化"发展思路;同年国家发展和改革委员会启动《京津冀都市圈区域规划》,京津冀一体化升级到国家层面;2014 年上升为国家战略;2015 年李克强总理在《2015 年政府工作报告》再次强调"推进京津冀协同发展,在交通一体化、生态环保、产业升级转移等方面率先取得实质性突破"。从设想开始到上升为国家战

略，京津冀一体化发展已经是 30 多年过去，成效和困难并存，其原因
何在呢？

## 5.1.1　基本情况

京津冀经济圈是环渤海经济区的核心。京津冀经济圈既是全国的
政治文化中心，也是北方现代化经济发展最好的核心区域。但是在京
津冀经济圈中，不同梯度中的城市功能区别明显。北京市作为核心城
市，承载着区域服务中心的功能，聚集着大量高端服务业、高端技术
性产业和人才，拥有强大的技术和人力资源；同时还是众多交通干线
的聚集地。天津市则是高端制造业中心、重要的港口城市，是华北地
区重要的出海口。河北省既要承接北京市的部分交通功能，还要与天
津市一起全力打造京津冀经济圈滨海经济带。

具体来看，京津冀经济圈以北京市为中心，包括天津市以及河北
省的廊坊市、保定市、唐山市、邯郸市、邢台市、衡水市、秦皇岛
市、承德市、张家口市、石家庄市、沧州市等数个大城市和众多中小
城镇。整个经济圈基本划分为三个梯度：第一梯度——北京市；第二
梯度——天津市；第三梯度——河北省的廊坊市、保定市、唐山市、
邯郸市、邢台市、衡水市、秦皇岛市、承德市、张家口市、石家庄市、
沧州市等数个大城市以及围绕它们的众多中小城镇（如图 5-1 所示）。
总面积约为 21.6 万平方千米，约占全国总面积的 2%；人口总数达到
10860.5 万，占全国人口总数的 7.98%；进出口总额达 6124.8 亿美元，
占全国进出口总额的 14.7%（齐慧等，2014）。

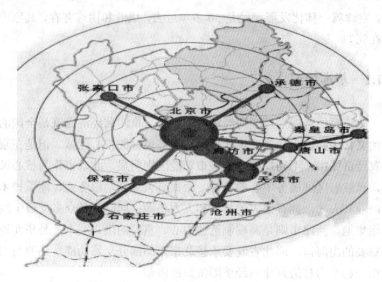

**图 5-1　京津冀经济圈的构成**

资料来源：百度百科，http://baike.baidu.com/view/412506.htm。

## 5.1.2　发展阶段

如世界"五大都市圈"历经游离、城市向心发展、城市体系形成、城市一体化阶段，京津冀经济圈也经历了四个发展阶段，即利益交易型经济协作阶段、项目开发型双边合作阶段、机制化协作阶段以及战略引导型综合治理阶段，完成了从首都圈—京津冀经济一体化—京津冀都市圈—京津冀一体化过程（张智新，2014；如表 5-1 所示）。

表 5-1　"京津冀"经济圈不同发展阶段及其特征

| 发展阶段 | 特征 |
| --- | --- |
| 利益交易型经济协作（1982—1995 年） | 合作对象主要是物资和技术的交流，合作形式以自发试探性为主，具有明显的短期特征 |
| 项目开发型双边合作（1996—2003 年） | 合作对象上升到资金层面，合作形式以项目开发为主，合作意识进一步加强 |

76

| 发展阶段 | 特征 |
|---|---|
| 机制化协作<br>（2006—2010 年） | 达成"廊坊共识"和《环渤海区域合作框架协议》，建立三地联席会议制度，区域合作从经济领域延伸至公共服务领域 |
| 战略引导型综合治理<br>（2011 年至今） | 区域协作发展从自发上升到自觉，由区域利益驱动发展到国家战略驱动，合作内容上升到经济社会多边全方位合作 |

资料来源：张智新.京津冀一体化协同发展亟待新的突破[N].北京青年报，2014（7）。作者进行整理。

第一阶段，即利益交易型经济协作阶段（1982－1995 年）。在该阶段，区域合作交流主要集中于物资和技术合作；整体合作形式以自发试探性为主；具有明显的短期特征；受行政首长变动等方面影响较大。

第二阶段，即项目开发型双边合作阶段（1996－2003 年）。在该阶段，各方合作意识有所提高，主要合作领域集中于资金等要素方面；合作形式以项目开发为主，而且以政府主导投入项目居多。但是缺乏公共服务、基础设施、公共政策等方面的交流与合作。

第三阶段，即机制化协作阶段（2006－2010 年）。在该阶段，京津冀三地达成"廊坊共识"和《环渤海区域合作框架协议》，它们是京津冀区域协作的标志性成果；在区域规划、商业发展、旅游合作、交通合作、卫生合作、工商行政管理合作等领域建立了三地联席会议制度；区域合作领域从交通基础设施、产业、金融等经济领域，逐渐延伸至旅游文化、公共安全、公共卫生和人力资源等公共服务领域；机制化合作逐渐成为主流。

第四阶段，即战略引导型综合治理阶段（2011 年至今）。在该阶段，交通拥堵、环境污染等诸多"城市病"给京津冀带来了严峻挑战，于是从中央到地方、从政府到社会达成一致共识，使得协同发展从自发上升到自觉，由区域利益驱动发展到国家战略驱动；合作内容从基础设施合作、产业协作等发展到公共服务、公共政策合作；合作机制从双边推动上升到多边合作与协调。

## 5.2  发展动力——产业分层集聚

京津冀经济圈发展动力是产业集聚。从三地产业结构总体趋势来看,北京市第三产业比重最高,产业结构类型属于"三二一"模式;天津市与河北省的第二产业比重均高于第三产业和第一产业,产业结构类型属于"二三一"模式。

### 5.2.1  北京集聚服务经济

北京市处于工业化后期阶段,已经进入服务经济时代(张凯,2007)。北京市第三产业比重明显高于第一、二产业,其产值占 GDP 的比重连续 10 年以上高于 60%,且依然呈逐渐上升趋势;第二产业低于 40%,且继续下降,至 2013 年基本接近 20%;第一产业则相当低(如图 5-2 所示)。

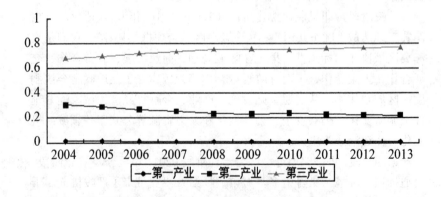

图 5-2  北京市各产业占 GDP 的比重

### 5.2.2　天津正向服务经济转化

天津市工业基本成熟，有待向服务业转化（张凯，2007）。天津市第一产业呈逐年下降趋势；第二产业和第三产业均高于 40%，但在 2008年出现不同趋势转折，第二产业出现小幅下降，第三产业则与第二产业趋势相反，呈现小幅上升，两大产业在 GDP 中的比重逐步趋同（如图 5-3 所示）。

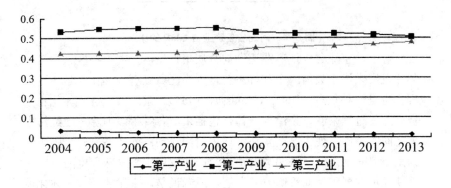

图 5-3　天津市各产业占 GDP 的比重

### 5.2.3　河北正向工业化发展

河北省正在向工业化发展（张凯，2007）。河北省第一产业虽呈下降趋势，但所占比重较大，基本介于 10%~20% 之间徘徊；第二产业变化不大，但比重较大，基本占据 50% 以上；第三产业缓慢增长，基本介于 30%~40% 之间（如图 5-4 所示）。

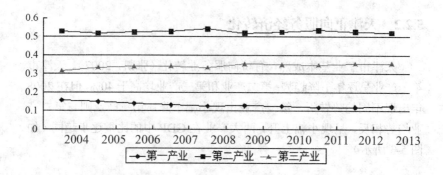

图 5-4　河北省各产业占 GDP 的比重

　　综上，京津冀三地产业逐渐向分层集群发展，对于该区域经济一体化发展来讲不失为一个利好态势。因为区域经济一体化既是一个过程，也是一种状态（Bela A.Balassa，1965）。京津冀经济一体化也不例外。就过程来看，京津冀一体化包括采取各种手段消除三地经济发展之间的障碍，使生产要素在区域内自由流动；就状态来看，则表现为京津冀三地之间经济鸿沟的消失，产业发展水平悬殊程度的下降，促使经济发展水平向平衡方向发展。或者说是，京津冀经济一体化就是三地之间生产要素再配置过程和实现区域内生产要素最佳配置的状态，实现差异竞争，错位发展，形成组团式发展，促进整个区域发展水平的提升（张耀军，2014）。但是绝对不是经济发展的平均化和同质化，而是在资源最佳配置的前提下，形成一种"梯度型"经济圈的模式。那么是什么力量能够进一步推动三地产业集聚呢？RHQ 是一个不可替代的主体。

## 5.3　发展动力主体——RHQ

　　京津冀梯度型经济圈形成发展的推动力量之一来自于 RHQ。此现象可以通过 RHQ 集聚地与京津冀梯度型经济圈成一致性得到证实。

### 5.3.1 RHQ 分层次集聚不同城市

在京津冀地区，RHQ 主要集中在北京，截至 2013 年 1 月，北京市跨国公司总部已达到 127 家，其中朝阳区达到 100 家，占全市的比重在 70%以上；海淀区达到 10 家。北京市认定的 127 家 RHQ 中，世界 500 强企业有 84 家，占在京投资世界 500 强企业的 30.2%，已成为世界 500 强企业的"总部之都"；已认定总部企业中，投资性公司 103 家，占总数的 81%，管理性公司 24 家，占 19%（张淼淼，2013）。2014 年 7 月，北京市商务委出台了关于鼓励跨国公司设立地区总部的新规定，旨在降低入驻门槛。同时，还出台了更多对地区总部人才的利好政策。

### 5.3.2 RHQ 助推产业结构梯度分布

RHQ 对京津冀梯度型经济圈形成的推动作用在于：地区总部集聚北京，带动区域内产业结构转型。地区总部处于高端的企业组织形式。RHQ 的设立有可能带动区域内产业的迅速升级换代，改变三次产业的比例（王浩，2013）。北京作为京津冀经济圈中的核心城市，地区总部集聚为其带来高端服务业及其他创新型产业发展，推动其产业结构升级。北京作为核心，其产业结构向高端化转变之后，必然会向外输出同处于一条产业链上的较低端产业，从而影响区域内其他城市的产业结构，促使整个区域内产业重新分工。

### 5.3.3 RHQ 聚集将加剧"马太效应"

RHQ 聚集会加剧其入驻城市知名度和影响力的"马太效应"，加固其核心城市的地位。知名度来自于一个城市的内在涵养、历史积淀及其与外界信息传递过程中的有效性。影响力则来更多方面，2014 年《福布斯》杂志"全球最具影响力城市"的评委之一乔尔·科特金撰文称，评选最具影响力城市有几个重要因素，包括能为外国公司提供服务的程度，以及城市的综合经济实力等。文章还称，一个城市能否产生世界性的影响力，需要考虑其是否能吸引外资、跨国公司总部的数量、交通便利程度、金融服务、科技与媒体力量等（中国新闻网，2014 年 8 月 15 日）。地区总部往往都是向知名度和影响力比较高的城市集聚，随着集聚程度的加大，该城市的知名度和影响也会不断加大，形成"马太效应"。北京作为京津冀经济圈中的核心城市也是如此。

### 5.3.4　RHQ 集聚将助推创新活动

RHQ 集聚助推东道国创新活动：①RHQ 可以为东道国城市带来新知识、新技术和新创意，在集聚于一地的地区总部之间传播和应用。RHQ 通过创新不仅获得源于技术上的超额垄断利润，还可以形成系统的波及途径和渗透效应，从而在某些产业中逐渐掌握核心技术能力；RHQ 空间集聚也为所在东道国城市的信息传递和企业间相互学习提供了便利，从而为创新提供进一步的空间基础（王浩，2013）。②RHQ 可以通过撷取东道国本身的资源，比如利于企业创新的融资便利、利于企业创新的基础设备和创新设备、利于企业创新的人力资源等，从根本上助推东道国的创新活动，否则 RHQ 的创新将成为"无源之水""无本之木"。RHQ 集聚层次越明显，梯度型创新活动越明显，对周边次核心城市以及欠发达中小城市的辐射带动作用的梯度越明显，经济圈的梯度也就越明显。

### 5.3.5　RHQ 集聚将助推自由贸易试验区的发展

据 2015 年 4 月 8 日国务院印发的《中国（天津）自由贸易试验区总体方案》可知，天津自贸试验区战略定位是："以制度创新为核心任务，以可复制可推广为基本要求，努力成为京津冀协同发展高水平对外开放平台、全国改革开放先行区和制度创新试验田、面向世界的高水平自由贸易园区"；总体目标是："经过三至五年改革探索，将自贸试验区建设成为贸易自由、投资便利、高端产业集聚、金融服务完善、法制环境规范、监管高效便捷、辐射带动效应明显的国际一流自由贸易园区，在京津冀协同发展和我国经济转型发展中发挥示范引领作用"。由此可知，天津自由贸易试验区将服务于京津冀对外开放，也会促进其进一步开放。随着京津冀地区的进一步开放，加上京津冀一体化已经上升为国家战略也明显提高了其战略地位，一定会吸引 RHQ 向京津冀集聚；反过来，RHQ 集聚势必会助推自由贸易试验区的进一步发展。最终的结果是，京津冀一体化、自由贸易试验区和 RHQ 集聚三者呈现良性循环，三赢态势形成。

## 5.4　发展中遇到的问题

RHQ 的入驻，对于京津冀经济圈由单一式的城市经济发展到各城市间互补式全面融合发展起到了一定的推动作用。虽然京津冀经济一体化发展初显成效，但在区域内城市间分工合作、合作机制、生态环境等方面仍存在许多制约经济协同发展的瓶颈。如何利用好 RHQ 这一资源，促进京津冀梯度型经济圈的崛起，必须要清楚经济圈内问题所在。

### 5.4.1　城市间等级结构发展不合理，产业对接难度大

京津冀区域内含有的 13 座城市中，北京和天津是两座超大城市，河北省下属 11 座地级市，除石家庄和唐山以外都属于中小城市。由此出现两大城市结构不合理现象：①北京和天津综合实力远高于其他城市；②河北省所属的中小城市群经济发展差异悬殊，没有形成有序的梯度。正因为如此，在京津冀经济一体化发展过程中，很容易造成经济联系断裂：①北京和天津与周围城市区域差距进一步加大，与周边城市不能很好的衔接，导致经济辐射作用弱，产业带动能力差；②中

等和小城市发展不足，也难以承接中心城市所形成的产业集群和产业规模，对北京和天津的经济支撑力度相对不足（张耀军，2014）；③区域内部经济发展水平差异导致外商直接投资不平衡，2013年北京市、天津市和河北省外商投资总额分别是1771亿美元、1274亿美元和545亿美元（国家统计局，2014）。作为资本存量，外商直接投资的巨大差距进一步拉大了京津两地与河北省的经济发展水平，并推动外商直接投资和地区经济发展之间形成一种区域循环累积因素效应，这种循环因果效应使得京津冀三省市的经济差异越来越大；进而使得产业对接难度加大（崔冬初等，2012）。

## 5.4.2 协同治理机制尚处于探索过程，共赢局面难形成

京津冀一体化发展的话题自20世纪80年代中期开始已经持续争论差不多30年了。在争论的30年里，"珠三角"和"长三角"的协同发展已经开始，且都快于京津冀，特别是"长三角"的区域合作机制更是值得京津冀借鉴。"长三角"已经建立和形成了四个层次的区域合作机制。第一层级是沪苏浙"一市两省"（当前也包括了安徽）的党政主要领导年度会晤机制。此机制始于2004年，主要商议、提出推进"长三角"区域合作的要求及合作重点领域，由省（市）政府分头组织落实。第二层级是常务副省（市）长参加的"沪苏浙经济合作与发展座谈会"的年度议事协调机制。此机制始于2000年，主要沟通协调合作领域及合作内容。第三层级是"长三角"16个城市（目前已经扩大到22个城市）之间城市经济协调年度会合作机制。此机制以专题会的形式推动在规划、旅游、科技、信息、产权、港口、交通等专题项目的合作。四是职能部门间、行业间的联席会议、论坛、合作专题等合作机制；区域内行业协会通过开展跨地区行业互动与联合推动企业间合作与交流（赵峰等，2011）。

与"长三角"相比，"京津冀"合作机制依然停留在探索过程之中。既然还没有形成有效的合作机制，那么打算通过区域合作实现"京津冀"三方共赢的难度系数加大。因为在当前中国各个区域的协同发展

问题上，参与各方之间能否建立完善的协调和合作制度成为了区域协同发展甚至是区域一体化能否顺利突进的基础和关键（薄文广等，2015）。因此，"京津冀"未成形的合作机制是影响其区域一体化发展的最大掣肘之一。

### 5.4.3　各级政府行政干预有失恰当，各种冲突不断

京津冀经济圈经济一体化与行政一体化是相互矛盾的两个方面，地方政府为了实现地区利益最大化，凭借行政权力对市场进行不合理的干预（赵金涛，2010），致使各种冲突不断，主要表现为战略规划冲突、产业规划冲突和开发区规划冲突。

1. 战略规划冲突

战略规划包括国家规划和地方规划，战略规划冲突表现为国家规划和地方规划冲突，地方之间规划冲突。从前者来看，京津冀地区各城市的"十二五"规划与国务院《全国主体功能区规划》（国发[2010]46号）普遍存在出入（吕翔，2014），比如北京"十二五"规划定位是"人文北京、科技北京、绿色北京，进一步提高'四个服务'水平，国际活动聚集之都、世界高端企业总部聚集之都、世界高端人才聚集之都、中国特色社会主义先进文化之都、和谐宜居之都，世界城市"等；《全国主体功能区规划》定位是"中华人民共和国的首都，是全国的政治中心、文化中心，是世界著名古都和现代国际城市"等。从后者来看，北京和天津的建设目标在规划建设成为北方经济中心方面出现冲突。

2. 产业规划冲突

《国家"十二五"规划》将发展"现代服务业、先进制造业、高新技术产业和战略性新兴产业"作为京津冀地区的主体功能，导致三地重点产业发展雷同，以及以工业为主导的产业同构现象依然比较严重的存在。其结果必定导致三地产业互补可能性相对较小，而三地合作难度系数加大。与此同时，雷同的重点产业规划很可能导致本来就在要素方面处于劣势的河北的扭曲性发展，扭曲性发展的结果是河北加速落后于北京和天津，从而加大了河北与北京和天津的差距。

3. 开发区规划冲突

在京津冀地区，截止到 2013 年 3 月，仅各类国家级开发区就有 27 个，其中北京、天津、河北分别有 4 个、11 个和 12 个；另外还有 100 多个省级开发区（吕翔，2014）。如此之多的开发区为了生存和发展，毫无疑问地相互争抢着京津冀三地的各种有限资源，致使三地资源呈现"遍撒胡椒面"之势，无法被有效充分利用。结果是既浪费资源，又不能形成产业集聚；最终弱化开发区对于城市功能的扩展和延伸。④基础设施规划冲突。最明显的当属京津冀地区的港口和机场重复建设，以港口为例：京津冀地区共建有包括秦皇岛港、曹妃甸港、京唐港、黄骅港以及天津港在内的 5 大港口。5 大港口的发展方向都是高效益综合性，试图引领整个京津冀商业圈的发展。但是京津冀港口体系服务对象有限，相互定位冲突的港口建设无疑会影响京津冀一体化发展（崔冬初等，2012）。

## 5.5　本章小结

京津冀经济圈是环渤海经济区的核心。京津冀经济圈既是全国的政治文化中心，也是北方现代化经济发展最好的核心区域。但是在京津冀经济圈中，不同梯度中的城市功能区别明显。京津冀经济圈以北京市为中心，包括天津市以及河北省的廊坊市、保定市、唐山市、邯郸市、邢台市、衡水市、秦皇岛市、承德市、张家口市、石家庄市、沧州市等数个大城市和众多中小城镇。整个经济圈基本划分为三个梯度：第一梯度——北京市；第二梯度——天津市；第三梯度——河北省的廊坊市、保定市、唐山市、邯郸市、邢台市、衡水市、秦皇岛市、承德市、张家口市、石家庄市、沧州市等数个大城市以及围绕它们的众多中小城镇。

如世界"五大都市圈"历经游离、城市向心发展、城市体系形成、城市一体化阶段，京津冀经济圈也经历了四个发展阶段，即利益交易型经济协作阶段、项目开发型双边合作阶段、机制化协作阶段以及战略引导型综合治理阶段，完成了从首都圈—京津冀经济一体化—京津冀都市圈—京津冀一体化过程。

京津冀经济圈发展动力是产业集聚。从三地产业结构总体趋势来看，北京市第三产业比重最高，产业结构类型属于"三二一"模式；天津市与河北省的第二产业比重均高于第三产业和第一产业，产业结构类型属于"二三一"模式。北京市处于工业化后期阶段，已经进入服务经济时代；天津市工业基本成熟，有待向服务业转化；河北省正在向工业化发展。

京津冀梯度型经济圈形成发展的推动力量之一来自于 RHQ。在京津冀地区，RHQ 主要集中在北京。RHQ 对京津冀梯度型经济圈形成的推动作用在于：地区总部集聚北京，带动区域内产业结构转型。RHQ 聚集会加剧其入驻城市知名度和影响力的"马太效应"，加固其核心城市的地位，知名度来自于一个城市的内在涵养、历史积淀及其与外界信息传递过程中的有效性。RHQ 集聚助推东道国创新活动，比如 RHQ 可以为东道国城市带来新知识、新技术和新创意，在集聚于一地的地区总部之间传播和应用；RHQ 可以通过撷取东道国本身的资源，从根本上助推东道国的创新活动。京津冀一体化、自由贸易试验区和 RHQ 集聚三者呈现良性循环，三赢态势形成。

RHQ 的入驻，对于京津冀经济圈由单一式的城市经济发展到各城市间互补式全面融合发展起到了一定的推动作用。虽然京津冀经济一体化发展初显成效，但在区域内城市间分工合作、合作机制、生态环境等方面仍存在许多制约经济协同发展的瓶颈。城市间等级结构发展不合理，产业对接难度大；协同治理机制尚处于探索过程，共赢局面难形成；各级政府行政干预有失恰当，各种冲突不断，比如战略规划冲突、产业规划冲突、开发区规划冲突。

# 第 6 章

## 具体的政策措施

2015 年 4 月 30 日，中共中央政治局召开会议审议通过《京津冀协同发展规划纲要》（以下简称《纲要》）。会议指出，推动京津冀协同发展是一个重大国家战略，要在京津冀交通一体化、生态环境保护、产业升级转移等重点领域率先取得突破（万鹏，2015）。《纲要》已于2015 年 8 月 23 日正式印发实施。京津冀三地依据《纲要》要求，结合多年来三地发展过程中暴露出来的重点问题，如何突破三大重点领域？如何推动协同发展？如何贯彻落实战略规划？

## 6.1 以 RHQ 为动力主体协同规划产业结构

在京津冀经济圈中，各城市间等级结构发展不合理，产业对接难度大已经成为京津冀一体化进程中的最大障碍之一，那么如何消除此障碍呢？本研究认为可以考虑分步骤完成，即以圈层结构为导向进行协同规划，之后再大力发挥 RHQ 这个动力主体分层次集聚的态势助推形成圈层结构——"梯度型"经济圈。

### 6.1.1 以圈层结构为导向进行协同规划

从城市群发展历史来看，城市群的分布存在圈层结构，即核心城市主要为涵盖金融保险、专业服务业、出版印刷、文化产业等在内的都市型产业；内圈主要为与核心城市协作配合的制造业，以及为本圈层军民所需的服务业；外圈基本为农、林、牧、副、渔等产业或者是生态涵养型产业，以及少量的服务业（刘建朝，2013）。

图 6-1　京津冀三地的发展定位

资料来源：邓琦，金煜，饶沛.京津冀协同发展规划纲要获通过[EB/OL].新京报，2015 年 5 月 1 日。

依据上述圈层理论，京津冀经济圈也可参考进行协同规划，完成顶层设计，做好协同规划。在《纲要》中，分别给出了北京、天津和河北三地的发展定位。北京发展定位是：政治中心、文化中心、国际交往中心和科技创新中心；天津发展定位是：国际港口城市、北方经济中心和生态城市；河北发展定位：生产制造基地、商贸物流、环保和生态涵养等（邓琦等，2015；如图 6-1 所示）。京津冀三地发展定位明确之后，三地的产业定位和方向也就需要重构：北京"转"、天津"立"、河北"补"。北京不再摊大饼，需要腾笼换鸟，构筑"高精尖"产业体系；天津协同上下功夫，错位上做文章，发力做实"北京经济中心"；河北纵使伤盘动骨也要脱胎换骨，打响压减过剩产能攻坚战，渴盼借力京津绿色崛起（万鹏，2015）。具体来讲，北京要发挥科技创新中心作用；天津优化发展高端装备、电子信息等先进制造业；河北积极承接首都产业功能转移和京津科技成果转化（邓琦等，2015）。

## 6.1.2　借 RHQ 分层次集聚助推形成圈层结构

从国内外城市群的培育和发展来看，城市群的形成与发展，一般经过如下过程：先造就一个或几个超级城市，再以超级城市为核心，在周边建设若干二线城市，这些城市既可以相对独立性，也可以成为核心城市的卫星城市。随着二线城市的不断发展，可能会变成一个次级的核心城市，即次级中心城市。次级中心可能又会通过扩散形成新的城市群，并与原有的中心城市、城市群进一步融合，从而形成更大一级的城市群和经济区域（连玉明，2014）。中心城市对周边形成区域经济辐射，由高度发达的交通网络连接形成圈层状结构；圈层结构中一般会出现多个不同职能分区，各司其职，通过交通网络紧密联系，向一体化方向发展（邓砚丹等，2010；如图 6-2 所示）。

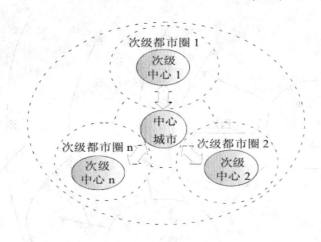

图 6-2　都市圈发展结构图

资料来源：邓砚丹，张永庆，齐闯.总部经济与都市圈联动发展研究——以东京为例[J].当代经济，2010（1）：82—83.

从地区总部聚集趋势来看，同都市圈层结构形成过程基本如出一辙，也会经过集聚于核心城市—次核心城市—再次核心城市的过程。以香港和"珠三角"为例，以中国香港为核心、以"珠三角"为边缘的中心—边缘关系下的总部经济，即单一总部经济模型。随着总部经济的发展，最初处于边缘的"珠三角"的某个城市，比如广州或者深圳会逐渐成长为次核心城市，围绕其周边会出现若干次边缘城市，这样就会形成广州/深圳—其他城市的次总部经济，最终单一总部经济向多维总部经济转移（任永菊，2007；如图 6-3 所示）。

既然都市圈层结构与以 RHQ 集聚为核心的多维总部经济圈层结构相似，那么京津冀三地之间完全可以考虑通过协同发展规划、调整各地产业结构的机会，借助 RHQ 分层次集聚助推"梯度型"经济圈的形成，以达到最优资源配置。

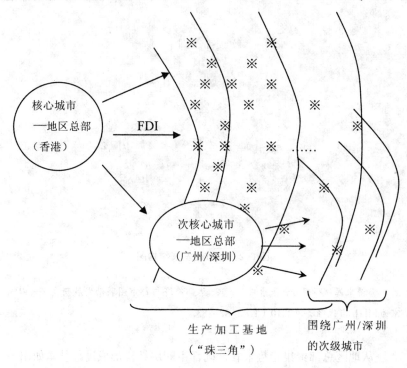

图 6-3 RHQ 集聚趋势示意

资料来源：任永菊. 地区总部、产业结构与总部经济[J]. 亚太经济，2007（4）：67－70.

## 6.2 以天津自由贸易试验区为抓手探索协同发展机制

2015 年 4 月 8 日国务院印发的《中国（天津）自由贸易试验区总体方案》中，已经非常明确规定了天津自由贸易试验区的总体目标是为京津冀协同发展服务的。那么如何借助天津自由贸易试验区之力，以其为抓手探索京津冀三地协同发展机制则是一个值得深究的问题。

## 6.2.1　充分发挥天津自由贸易试验区的功能作用

自由贸易区注入经济新活力，将会成为中国全面深化改革的新高地、中国开放创新的重要载体、中国构建全方位对外开放新格局的重要组成部分（任永菊，2015）。但是要发挥天津自由贸易试验区的功能作用，应该首先弄清楚其主要特点是什么？它的主要特点包括三方面：①突出京津冀协同发展、高水平对外开放平台，包括发挥口岸辐射作用、建设国家进口贸易促进创新示范区、对外投资合作"一站式"服务平台、人民币跨境使用先行先试和跨境融资自由化；②突出高端制造产业聚集，包括航天航空、装备制造、新一代信息平台；③突出优势行业创新引领发展，包括融资租赁业务和股权投资和创业投资基金（盛斌，2015）。

只有紧抓天津自由贸易试验区的主要特点，才能有效发挥其功能作用。天津自由贸易区区域面积 119.9 平方千米，涵盖天津港东疆片区、天津机场片区和滨海新区中心商务片区。三个片区的功能定位分别是：①天津港东疆片区重点发展航运物流、国际贸易、融资租赁等现代服务业。天津港东疆片区是北方国际航运中心和国际物流中心的核心功能区，拥有国际船舶登记制度、国际航运税收、航运金融、租赁业务等 4 大类 22 项创新试点政策。区内注册企业 3200 余家，其中贸易结算企业 1039 家，航运企业 96 家，租赁企业 844 家；物流仓库面积 138.6 万平方米。②天津机场片区重点发展航空航天、装备制造、新一代信息技术等高端制造业和研发设计、航空物流等生产性服务业。天津机场片区是天津先进制造业和研发转化的重要集聚区。区内注册企业 12000 余家；世界 500 强企业投资项目 160 余个；航空物流区占地面积 7.5 平方千米；形成了民用航空、装备制造、电子信息、生物医药、快速消费品和现代服务业等优势产业集群。③滨海新区中心商务片区重点发展以金融创新为主的现代服务业。滨海新区中心商务片区是天津金融改革创新集聚区，也是滨海新区城市核心区。区内注册企业 2900 余家；聚集各类金融服务机构超过 500 家；是国内少数拥有金融"全牌照"区域；在建商务楼宇 63 座，已投入使用 10 座；基金、保理、租赁、资金结算等业态快速发展。

## 6.2.2　以创新措施为核心引领京津冀协同发展

天津自由贸易试验区的创新措施主要涉及 5 大类 18 项：①深化行政体制改革，包括"一份清单管边界""一颗印章管审批""一个部门管市场""一支队伍管执法""一个平台管信用""一份单卡管通关""一套制度管廉政""一个号码管服务""'一包'方式管培训""一张绿卡管引才"；②扩大投资领域开放，包括放宽外商投资准入限制、实行准入前国民待遇加负面清单管理模式、建立对外投资合作"一站式"服务平台、完善投资者权益保障机制；③推动贸易转型升级，包括积极探索服务贸易发展新模式、积极培育新型贸易方式、建设国家进口贸易促进创新示范区、实行国际贸易"单一窗口"管理服务模式；④深化金融领域开放创新，包括建立具有自身特色的自由贸易账户、试点开展外币离岸业务、设立中国天津租赁平台、设立中国金融租赁登记流转平台；⑤服务京津冀协同发展，包括促进区域产业转型升级、加快区域金融市场一体化、完善京津冀通关一体化改革、构筑科学创新和人才高地。

天津自由贸易试验区旨在以创新措施为核心，建立制度创新新高地、转型升级新引擎、开放经济新动力，为京津冀区域协同发展构建新平台，引领京津冀协同发展。整个运转过程大致可以从两个层面来理解：①服务京津冀协同发展属于一个单独的子系统单独运转，即类似地球的自转。在这个子系统中，政府需要不断创新相关措施推动京津冀协同发展。②京津冀协同发展属于整个自由贸易试验区总系统中，随同一起运转，即类似地球的公转。在总系统中，政府发挥的作用主要是创新措施，涉及行政体制改革、产业升级、贸易、投资和金融等方面的创新措施一起服务于京津冀协同发展（如图 6-4 所示）。

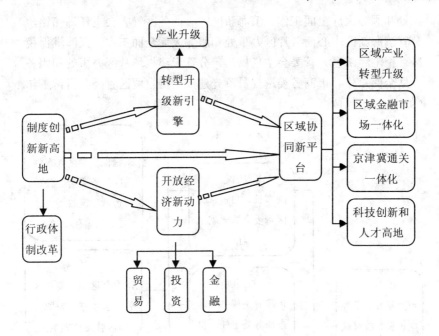

**图 6-4 以创新措施为核心引领京津冀协同发展示意图**

## 6.2.3　高规格管委会领导班子强化协同便利

　　天津自由贸易区管委会领导班子高规格配置，旨在强化协同便利性，服务于京津冀协同发展。班子为"一正七副"，天津市委常委、常务副市长段春华出任主任，领导自贸区管委会全面工作。第一副主任由副市长阎庆民担任，统筹协调自贸区内金融创新及税收管理体制改革，协助主任分管自贸区管委会工作。副主任分别为市政府副秘书长、市商务委主任刘剑刚，牵头协调与国家商务部等相关部委的沟通衔接工作；牵头协调自贸区管委会与市内各单位关系；统筹协调领导小组办公室与自贸区管委会的关系。滨海新区区委副书记、区长张勇，协调处理自贸区管委会与滨海新区、三个功能区与滨海新区的关系。东疆保税港区（东疆港区）管委会主任张爱国，分管天津港东疆片区办事处和服务大厅全面工作。滨海新区中心商务区管委会主任郑伟铭，分管滨海新区中心商务片区办事处和服务大厅全面工作。天津港保税区（空港经济区）管委会主任杨兵，分管天津机场片区办事处和服务大厅全面工作。市商务委巡视员蒋光建，主持自贸区管委会日常工作（如图 6-5 所示）。

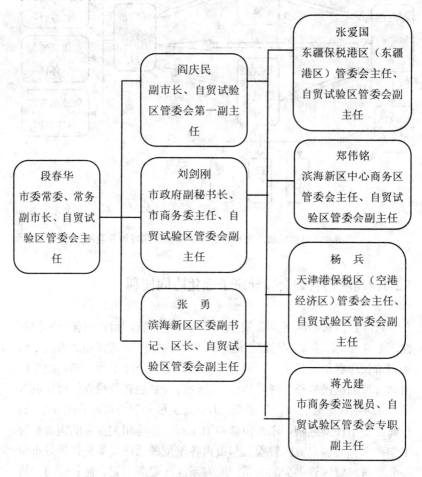

图 6-5 天津自由贸易区管委会领导班子构成

## 6.3　贯彻实施协同发展战略规划

京津冀"梯度型"经济圈发展过程中出现的问题，有望通过京津冀三方贯彻实施 2015 年 4 月 30 日中共中央政治局审议通过的《京津冀协同发展规划》（以下简称《规划》）得到解决。京津冀三方应该有重点分步骤贯彻实施《规划》的相关内容。

### 6.3.1　梳理并协调解决各类规划之间的冲突之处

依照《规划》，京津冀三方应该着手协同梳理已有的地方性规划，应该重点查找可能存在的两种冲突：①地方性规划与《规划》相冲突。如果发生冲突应该以《规划》为准，特别是与京津冀协同发展的近期、中期和远期目标有关的规划，并及时废止或者调整与《规划》相冲突的地方性规划。京津冀协同发展的近期目标是，到 2017 年，非首都核心功能疏解要取得明显进展，交通一体化、生态环境保护和产业对接协作三个重点领域，要集中力量先行启动并率先突破。中期目标的时限在 2020 年，届时北京市的常住人口要力争控制在 2300 万人左右，首都存在的突出问题得到缓解；区域交通网络要基本形成，生态环境质量要有效改善等。远期目标是，到 2030 年，京津冀区域一体化格局基本形成，京津冀成为具有较强国际竞争力和影响力的重要区域，甚至能够引领、支撑全国经济社会发展（翟炟等，2015）。②未包涵于《规划》之中的地方性规划之间相冲突。如果彼此出现冲突，应该以《规划》为基准协商调整。

除梳理上述两种冲突之外，产业规划冲突、开发区规划冲突以及港口规划冲突等也应该进行梳理，为破除京津冀跨区域城市协调发展的诸多障碍奠定基础。

### 6.3.2 构建贯彻实施协同发展战略规划的根本途径

如何才能更有效地贯彻实施京津冀协同发展战略规划呢？或者说贯彻实施协同发展战略规划的根本途径是什么呢？关键在于需要明确京津冀协同发展战略规划的地位以及京津冀三地的共同利益是什么。①京津冀协同发展战略规划属于重大国家战略。早在 2014 年 2 月 26 日中共中央总书记、国家主席、中央军委主席习近平在北京主持召开座谈会、专题听取京津冀协同发展工作汇报时，就强调京津冀协同发展是"一个重大国家战略"。他强调说，实现京津冀协同发展，是面向未来打造新的首都经济圈、推进区域发展体制机制创新的需要，是探索完善城市群布局和形态、为优化开发区域发展提供示范和样板的需要，是探索生态文明建设有效路径、促进人口经济资源环境相协调的需要，是实现京津冀优势互补、促进环渤海经济区发展、带动北方腹地发展的需要，是一个重大国家战略，要坚持优势互补、互利共赢、扎实推进，加快走出一条科学持续的协同发展路子来（新华社，2014）。②京津冀三地的共同利益是实现跨区域协同发展的根本途径。京津冀三地的共同利益是什么呢？找到京津冀三个行政区划的共同利益是实现跨区域协调发展的根本途径。从十八届三中全会的精神来看，这个共同利益就是国家利益。以区域中的国家利益作为共同利益更容易获得京津冀各方的认同，以国家利益去突破固化的利益藩篱力度更大、阻力更小（连玉明，2014）。

## 6.4 本章小结

消除京津冀协同发展障碍的措施可以从三个方面入手：针对京津冀三地产业结构问题可以考虑分步骤完成，即以圈层结构为导向进行协同规划，之后再借 RHQ 分层次集聚助推形成圈层结构——"梯度型"经济圈。

　　针对协同发展机制，京津冀地区既可以借鉴长三角合作机制，也可以自我创新，特别是借天津自由贸易试验区设立的机会探索协同发展机制：一是充分发挥天津自由贸易试验区的功能作用，只有紧抓天津自由贸易试验区的主要特点，才能有效发挥其功能作用。二是以创新措施为核心引领京津冀协同发展。天津自由贸易试验区旨在以创新措施为核心，建立制度创新新高地、转型升级新引擎、开放经济新动力，为京津冀区域协同发展构建新平台，引领京津冀协同发展。三是天津自由贸易区管委会领导班子高规格配置，旨在强化协同便利性，服务于京津冀协同发展。

　　针对诸多规划冲突，一方面，应该梳理并协调解决各类规划之间的冲突之处。另一方面，构建贯彻实施协同发展战略规划的根本途径，构建根本途径的关键在于明确京津冀三地协同发展战略规划的地位以及京津冀三地的共同利益。京津冀协同发展战略规划属于重大国家战略；京津冀三地的共同利益是实现跨区域协同发展的根本途径。

# 第7章
## 结 论 与 启 示

## 7.1 结论

结论1：RHQ 助推国际著名"梯度型"经济圈的形成过程值得我国借鉴。

伦敦都市圈和纽约经济圈均属于国际公认"五大都市圈"之列。二者在形成过程中，最大的共同特点之一是以各类企业总部，特别是 RHQ 分梯度集聚而形成的推动作用，最终使得伦敦都市圈和纽约经济圈均出现以梯度型地区总部为核心的分层次产业集聚。核心城市集聚的主要是金融服务业地区总部；次核心城市为特色产业 RHQ 集聚；周边中小城镇以集聚生产基地为主。当然，在 RHQ 呈现梯度型集聚过程中，政府的引导力量也起着不可小觑的作用。

结论2：供需引致的 RHQ 助推"梯度型"经济圈形成的路径主体、条件和特点各不相同。

在需求反应和供给引导同时作用下，理论上可以形成的三种经济圈，即横向"梯度型"经济圈、纵向"梯度型"经济圈和混合"梯度型"经济圈。三种不同类型的"梯度型"经济圈各自有其形成主体，依次分别是跨国公司横向型地区总部、跨国公司纵向型地区总部和跨国公司混合型地区总部。不同类型"梯度型"经济圈的形成主体不同，形成条件也就各不相同。但基本可以归结为跨国公司本身具有的条件，比如公司发展战略条件、产品条件、资源配置条件等，以及东道国具有的条件，比如区位条件。不同类型"梯度型"经济圈不同形成路径的形成条件不同，直接导致形成特点也不同。但其特点基本上还可以归之于跨国公司和东道国两个方面。

结论3：政府与市场此消彼长而成的三种"梯度型"经济圈模式各有各的特征、方式和条件。

从是否得到政府引导角度来看，"梯度型"经济圈的形成模式可以分为完全引导型、部分引导型和完全不引导型等三种不同模式。三种模式中，政府的作用依次减小，市场的作用依次增加，也由此导致三种模式各有各的特点、方式和条件。不过政府与市场共同发挥作用的部分引导型是当下最受欢迎的模式。

结论4：国家战略下的京津冀"梯度型"经济圈发展呈现出问题与机遇共存之态势。

京津冀经济一体化发展已经初显成效，但在区域内城市间分工合作、合作机制、生态环境等方面仍存在许多制约经济协同发展的瓶颈。城市间等级结构发展不合理，产业对接难度大；协同治理机制尚处于探索过程，共赢局面难形成；各级政府行政干预有失恰当，各种冲突不断。不过，京津冀协同发展已经上升为国家战略，《协同发展规划》也已经获批；我国目前正在实施"双向投资战略"，以及加入世界贸易组织（WTO）时的承诺全面开放期限已至，最终很有可能吸引更多RHQ入驻京津冀地区。那么京津冀如何利用发展机遇解决发展过程中的瓶颈问题则是需要重点考虑的问题。

## 7.2 启示

启示1：将吸引RHQ战略上升为国家战略加强顶层设计。

伦敦和纽约两大经济圈核心城市中，集聚了各类不同机构的地区总部，它们成为助推经济圈形成的动力源，这些动力源又会催生新的次动力源……最终出现RHQ集聚助推梯度型经济圈的良性循环。跨国公司也成为联系经济圈中各城市间的纽带，正如泰勒（Taylor, 2001）提出的"企业是城市间关系的作用者"理论一样，用各个城市之间企业网络关联的分行业数据来表征城市间的功能联系，为城市间功能联系的数据来源提供了理论上的支撑（赵渺希等，2014）。在我国，尽管有些城市出台了吸引 RHQ 的优惠政策，但是彼此之间并不统一，并出现不必要的恶性竞争。鉴于 RHQ 在梯度型经济圈形成与发展过程中的重要作用，建议有必要上升为国家战略，加强顶层设计，以规避不必要的无序竞争，更有效发挥 RHQ 的助推功能。

启示2：构建合理的城市分工与协同发展的城市发展体系规划。

从伦敦和纽约两大经济圈的发展历程来看，它们不仅注重增加核心城市的经济实力，发挥其带动和辐射功能；与此同时，还特别注重依据周边城市的产业特色强化其次核心城市职能，以及中小城市镇的发展，形成规模不同、类型不同、功能互补、协同发展的城市发展体系。对此，京津冀三地应该以国家利益为先导，放弃狭隘的地区保护主义，认真贯彻落实《京津冀协同发展规划纲要》的相关内容，真正发挥京津冀在我国经济发展中的第三极作用。

启示3：经济新常态下合理把握政府和市场关系。

目前，我国经济进入新常态，在新常态下合理把握政府和市场关系才能利于更有效利用 RHQ 助推梯度型经济圈的形成。政府是一只看得见的手，市场则是一只看不见的手，二者在经济发挥过程中发挥着不同的作用。"市场应主要发挥好促进经济发展的作用，政府应主要发挥好保障公平公正的作用"（成思危，2013）但是政府和市场都是现实过程的组成部分，二者不存在非此即彼的选择（张旭，2014），因此需要"寻找二者效用均衡关系的黄金分割点"（李慧，2009），即在政府和市场关系中，应该把握"度"（成思危，2013）。只有"度"把握好了，政府和市场的关系才能理顺，二者才能完美配合，也才能引起两种可能性：吸引更多的跨国公司来我国建立地区总部，进一步形成 RHQ 集聚；使已经入驻我国的 RHQ 更有效发挥其功能。

启示4：在"走出去"激励"引进来"机制下合理划分中央政府与地方政府职权。

高质量引资和加快"走出去"战略（即"双向投资战略"）目标下，应该寻求以"走出去"战略激励"引进来"战略的机制。近年来，我国企业（包括制造业和金融类企业）纷纷"走出去"进入国际市场，其中一些行业的企业还取得了不错的效果，比如商业银行通过海外并购进入国际市场之后，无论是短期财富效应还是从长期综合绩效变化来看，海外并购都能给我国并购银行带来正的效应（刘文英等，2015）。那么非常有必要构建一个利用此类海外经营绩效不错行业的企业吸引更多的跨国公司来华设立 RHQ 的机制，但这是一个值得深思的问题。之后，在上述激励机制下，明晰中央政府和地方政府职权分工，才能利于建立以跨国公司地区总部为推动力的梯度型经济圈。在双向投资战略下，中央政府和地方政府的职能分工必须各有侧重，否则很难发挥跨国公司地区总部的助推作用。中央政府必须强调国家战略制定、顶层设计、全国性公共政策；地方政府则注重执行国家战略和国家政策、注重地方营商环境和当地吸收学习能力培育、收集和报告相关信息，以及因地进行局部制度创新和试验。但是中央政府和地方政府的职能并不是完全割裂开的，需要强调它们之间的互动关系，比如在政策形成过程中的上下信息互动、政策执行中的责任分工、政策执行后的监督反馈等。

# 参考文献

[1] Bela A.Balassa. The Theory of Economic Integration [M]. London, George Allen and UnwinLTD, 1965

[2] Department of Economic and Social Affairs- Population Division. World Urbanization Prospects：The 2011 Revision ［EB/OL］. March 2012

[3] Markusen,A. 1996. Stick Places in Slippery Space:A Typology of Industrial Districts ［J］. Economic Geography, 72（3）：p.293-313

[4] Piero Morosini. Industrial Clusters, Knowledge Integration and Performance[J]. World Development, 2004, 32（2）：305-326

[5] Shuming Bao, Gene Hsin Chang, Jeffrey D. Sachs, Wing Thye Woo. Geographic Factors and China's Regional Development Under Market Reforms, 1978－1998[J]. China Economic Review, 2002（13）：89-111

[6] Sylvie Démurger, Jeffrey D. Sachs, Wing Thye Woo, Shuming Bao,Gene Chang and Andrew Mellinger. Geography, Economic Policy, and Regional Development in China[R]. NBER Working Paper No. 8897, April, 2002

[7] 薄文广，陈飞.京津冀协同发展：挑战与困境[J].南开学报，2015（1）：110-118

[8] 蔡国兆，姚玉洁，徐寿松.长三角初步定为：我国综合实力最强的经济中心 ［EB/OL］.http://www.china.com.cn/economic/txt/2006-

1/22/content_7388978. htm

[9] 陈耀，陈钰.资源禀赋、区位条件与区域经济发展[J].经济管理，2012（2）：30-39

[10] 陈锋.论日本的"太平洋经济圈设想"[J].世界经济，1980（7）：45-50

[11] 成思危.深化经济体制改革、处理好政府和市场的关系[J].中国流通经济，2013（4）：4-7

[12] 崔冬初，宋之杰.京津冀区域经济一体化中存在的问题及对策[J].经济纵横，2012（5）：75-78

[13] 邓琦，金煜，饶沛.京津冀协同发展规划纲要获通过[EB/OL].新京报，2015-05-01

[14] 丁一文，张静华.总部经济推动城市分工合作的路径研究——大城市企业生产基地向中小城市迁移的模式[J].改革与战略，2012（6）：21-23

[15] 邓砚丹，张永庆，齐闯.总部经济与都市圈联动发展研究——以东京为例[J].当代经济，2010（1）：82-83

[16] 高耀松，刘迪玲."长三角"对外开放 30 周年的发展历程与展望[J].国际贸易，2008（11）：15-18

[17] 国家发改委.国家发展改革委关于印发长江三角洲地区区域规划的通知（发改地区〔2010〕1243 号)[EB/OL]. http://www.gov.cn/awgk/2010-06/22/content_163868.htm, 2010 年 6 月 7 日

[18] 国家统计局.中国统计年鉴 2014[EB/OL].中国统计出版社2014，http://www.stats.gov.cn/tjsj/ndsj/2014/indexch.htm

[19] 国务院.关于印发中国（天津）自由贸易试验区总体方案的通知[EB/OL].http://finance.people.com.cn/n/2015/0420/c1004-26872761. html

[20] 韩佳.长江三角洲区域经济一体化发展研究[D].上海：华东师范大学博士论文，2008

[21] 何骏.中国发展总部经济的路径拓展与模式创新[J].贵州社会科学，2010（2）：87-93

[22] 何勇，田志友.我国一线城市发展总部经济政策的比较与研究

[J].科学发展，2014（7）：28-32

[23] 李慧.金融危机视角下：政府与市场的关系——读《美国实体经济长期失衡是根本》后感[J].中国商界（下半月），2009（4）：221-222

[24] 李碧花.生产性服务业布局的产业基础和区位条件研究——以会计事务所为例[J].广东财经大学学报，2014（6）：13-22

[25] 李克强.2015 年政府工作报告——二零一五年三月五日在第十二届全国人民代表大会第三次会议上[N].光明日报，2015-03-17

[26] 李文强.都市圈产业结构演化研究——以上海都市圈为例[D].上海：上海交通大学博士论文，2010

[27] 李津逮.中国：加速城市化的考验[M].北京：中国建筑工业出版社 2005 年

[28] 连玉明.试论京津冀协同发展的顶层设计[J].中国特色社会主义研究，2014（4）：107-112

[29] 刘文英，任永菊.我国商业银行海外并购绩效研究[J].海南金融，2015（6）：73-76

[30] 刘文英，任永菊.天津市利用外贸现状及对策研究[J]. 天津经济，2015（6）：21-24

[31] 刘建朝.京津冀城市群产业优化与城市进化协调发展研究[D].天津：河北工业大学博士论文，2013

[32] 吕翔.区域冲突与合作及制度创新研究——以京津冀地区为例 [D].天津：南开大学博士论文，2014

[33] [美]沃尔特•艾萨德.区位与空间经济：关于产业区位、市场区、土地利用、贸易和城市结构的一般理论（1956）[M].杨开忠，沈体雁，方森等译.北京：北京大学出版社，2011

[34] 彭羽，沈玉良.上海、香港、新加坡吸引跨国公司地区总部的综合环境比较——兼论上海营造总部经济环境的对策[J].国际商务研究，2012（7）：5-12

[35] 彭劲松.大都市圈的形成机制及我国都市的构建方略[J].城市，2007（12）：22-25

[36] 齐慧，亢舒，杨学聪.京津冀城市经济圈：一加二要大于三[N].

经济日报，2014-03-07

[37] 任永菊.论跨国公司地区总部的区位选择[M].北京：中国经济出版社，2006

[38] 任永菊.地区总部、产业结构与总部经济[J].亚太经济，2007（4）：67-70

[39] 任永菊.跨国公司经营与管理[M].大连：东北财经大学出版社2014年第1版第2次印刷

[40] 任永菊.跨国公司地区总部在中国［EB/OL］.中国经济时报，2011-11-24

[41] 任永菊.跨国公司地区总部集聚的产业集群基础研究[J].工业技术经济，2012（1）：102-106

[42] 任永菊.自贸区注入经济新活力[N].企业观察报，2015-04-06

[43] 盛斌.天津自贸区的特色发展与辐射作用[R].天津市社科联第48次理论创新论坛——自贸区理论与制度创新，2015-05-09

[44] 孙群郎，王乘鹏.纽约全球城市地位的确立及其面临的挑战[J].福建师范大学学报（哲学社会科学版），2012（2）：52-59

[45] 孙希全，刘鑫.我国总部经济空间扩展路径研究——以跨国公司地区总部在我国的空间扩展为例［J］.经济论坛，2011（7）：96-100

[46] 唐华.产业集群论[D].成都：四川大学博士论文，2004

[47] 唐艺彬.美国纽约大都市圈经济发展研究［D］.长春：吉林大学博士论文，2011

[48] 万鹏.习近平解题"京津冀一体化"：加强顶层设计、推动协同发展［EB/OL］.人民网—中国共产党新闻网，http://cpc.people.com.cn/xuexi/n/2015/0505/c385475-26952132.html

[49] 王南.《2013年世界投资报告》发布［EB/OL］.中国网，http://news.china.com.cn/ live/2013-06/27/content_20787473.htm

[50] 王浩.跨国公司地区总部集聚与总部经济的创新型演进[J].区域经济评论，2013（5）：79-83

[51] 王征.总部经济——区域经济增长的新"新引擎"[J].决策咨询，2013（3）：9-13

[52] 魏江，陶颜，王琳.知识密集型服务业的概念与分类研究[J].中国软科学，2007（1）：33-41

[53] 魏江，朱海燕.集群创新系统的创新桥梁：知识密集型服务业[J].浙江大学学报（人文社会科学版），2007（2）：52-60

[54] 吴筠.产业集群成因探析[J].甘肃社会科学，2004（3）：175-177

[55] 吴爱明.地方政府学[M].武汉：武汉大学出版社，2009

[56] 新华社.习近平强调努力实现京津冀一体化发展[EB/OL].http://www.bj.xinhuanet.com/bjyw/2014-02/28/c_119542310.htm

[57] 叙远.中京圈第一港市——名古屋[J].现代日本经济，1986（3）：60-62

[58] 严雯.总部经济对城市化协调发展的影响分析[J].市场周刊：理论研究，2011（4）：93-111

[59] ［意］卡洛•M.奇波拉.世界人口经济史[M]. 黄朝华译.周秀鸾校.北京：商务印书馆，1993

[60] ［英］克拉潘.现代英国经济史（上）：早期铁路时代（1820－1850）［M］. 姚曾廙译.北京：商务印书馆，2009

[61] 袁泽沛，王圆圆.形成中小企业产业集群的经济、社会、政策条件与机理[J].石家庄经济学院学报，2006（2）：：9-12

[62] 翟烜，赵鹏.《京津冀规划》或于4月底下发［EB/OL］.京华时报，2015-04-04

[63] 赵弘.论北京发展"总部经济"［J］. 中国城市经济，2003（8）：39-41

[64] 赵峰，姜德波.长三角区域合作机制的经验借鉴与进一步发展思路[J].中国行政管理，2011（2）：81-84

[65] 赵煦.伦敦城市人口迁入初探（1550－1750）[J].湖南科技学院学报，2005（26）：2、5-8

[66] 赵渺希，魏冀明，吴康.京津冀城市群的功能联系及其复杂网络演化[J].城市规划学刊，2014（1）：46-52

[67] 赵景来，殷为华.大伦敦地区空间战略规划的评介与启示[J].

世界地理研究，2013（2）：43-51

[68] 张凯.京津冀地区产业协调发展研究[D].武汉：华中科技大学博士论文，2007

[69] 张旭."政府和市场的关系"与政府职能转变[J].经济纵横，2014（7）：18-22

[70] 张艾阳,陶阳.创新城市发展、建设沈阳"新母城"[EB/OL].辽宁日报，2012-03-01

[71] 张在群.政府引导下的产学研协同创新机制研究[D].大连：大连理工大学博士论文，2013

[72] 张淼淼.北京：跨国公司地区总部已达 127 家［EB/OL］.新华财经，2013-01-08

[73] 张耀军.论京津冀一体化协调发展的路径选择[J].当代经济管理，2014（10）：50-53

[74] 周艳群.长三角和珠江三角经济发展历程的回顾与比较［EB/OL］.上海统计，http://www.stats-sh.gov.cn/tjqt/201103/88781.html.2008-08-08

[75] 中国校友会.2014 年中国大学评价研究报告［EB/OL］.http://www.cuaa.net/cur/2014/xjindex.shtml，2014-03-26

[76] 中国新闻网.全球最具影响力城市出炉、中国北京香港上榜[EB/OL].news.xinmin.cn/world/ 2014/08/16/25119755.html，2014-08-15

[77] 中华人民共和国国家统计局.中国统计年鉴［EB/OL］.中国统计出版社，2012

[78] 邹卫星,周立群.区域经济一体化进程剖析：长三角、珠三角和环渤海[J].改革，2010（10）：86-93

# 第二部分  反面思考：
# RHQ 集聚对我国经济安全的影响及应对策略

# 第 8 章
## 绪　论

## 8.1　问题的提出

　　国家经济安全对一国的经济发展至关重要。在经济发展中，需要考虑经济发展方向上、经济系统内部的种种安全，而经济发展本身也会加大不确定性和风险性，因此，国家经济安全是经济发展中的重要组成部分。从中长期来看，国家经济安全影响着一国的宏观经济发展，是促使经济非均衡增长的重大因素；从短期来看，国家经济安全存在扰乱一国宏观经济正常运行的可能性；从经济周期来看，国家经济安全则影响着一国经济的周期性运行（赵英等，2000）。

　　不同发展阶段的国家同样迫切需要维护国家经济安全，尽管维护国家经济安全的能力存在差距。自 20 世纪 80 年代以来，世界各国之间相互交往不断增加，彼此依赖程度不断加深，经济风险在国与国之间快速传递，此时的国家经济安全已经成为与一个国家和全球大系统各子系统、微系统、弱系统相关联的体系，因此，无论发达国家还是发展中国家都迫切需要维护国家经济安全。但是发达国家和发展中国家在经济、科技、文化、人才、资源等方面存在较大差距，分别在国际分工中扮演不同角色，在国际竞争中处于不同地位，在国家经济安全维护方面具有不同能力甚至是明显差距。发达国家凭借其知识、技术、人才以及销售网络等方面的垄断优势，在国际分工中占据并不断巩固所处的高端价值链，获取高额垄断利润；发展中国家凭借其资源、劳动力等方面的比较优势，长期局限于劳动与资源密集的加工及原料生产，在国际分工中处于低端价值链，获得一般平均利润（聂志红，2010）。如此循环，发达国家会积累更雄厚的经济实力，获得更强大的竞争力，更有能力维护国家经济安全；发展中国家维护国家经济安全的能力则更明显弱于发达国家。

与各国维护国家经济安全的迫切需求相比较，有关国家经济安全的理论研究却处于初级阶段。目前主流经济学皆以跨国公司对外直接投资（即 FDI）为研究对象，围绕 FDI 对国家经济安全特别是国家产业安全展开研究。RHQ 是地区内的决策者；地区内各个子公司之间的协调者；公司总部与东道国当地反应之间的协调者；各个 RHQ 之间保持协作关系（任永菊，2006）。RHQ 具有和 FDI 不同的功能和作用，从根本上区别于 FDI。这些根本区别构成了 RHQ 和 FDI 比较的基础，同时使得 RHQ 具有自己的特点。随着全球范围内 RHQ 的日益兴起，研究 RHQ 对国家经济安全的影响机理、路径、具体表现形式以及应对策略等，将成为跨国公司和国家经济安全两大领域学者越来越关注的问题。

对于国际经济安全的研究至少涉及两个最基本的问题：一是现有的跨国公司理论以及经济学理论能否适用于 RHQ 对国家经济安全的讨论；二是 RHQ 的典型特征对国家经济安全的影响。

对于第一个问题，目前学者都是用跨国公司理论或者经济学理论来解释 RHQ（赵弘，2004；任永菊，2004/2006；王浩，2005）。基于此，本书将以 RHQ 影响区域经济发展为线索，对目前主要的相关理论加以梳理，并以此为基础展开讨论。

对于第二个问题，即 RHQ 的典型特征对国家经济安全的影响是本书研究的主要内容。要解决该问题，应该从 Who，Where，When，Why，How，Result 等方面着手。"Who"是指有哪些因素影响国家经济安全，或称产生影响的主体；"Where"是指各因素将影响哪些国家的经济安全，即区位选择；"When"是指各因素在何时影响国家经济安全，即发生影响的时间；"Why"是指各因素为什么会影响国家经济安全和为什么能影响国家经济安全，即各因素影响国家经济安全的原因和条件；
"How"是指各因素如何影响国家经济安全，即影响国家经济安全的路
径是怎样的；"Result"是指各因素影响国家经济安全造成的结果及其具
体表现是怎样的。本书核心是我国经济安全，对我国经济安全产生影响
的主体是 RHQ。本书研究的是我国的经济安全，自然不存在区位选择
的问题。至于何时影响国家经济安全以及产生影响的原因和条件则涉及
政治、经济、文化等诸多方面，不在本书的研究范围之列。况且如果影
响的路径探讨清楚了，那么将为其他问题的顺利解决奠定基础。研究影
响造成的结果及其具体表现能够为各界提供警示，由此可以制订相应的
应对策略。依据上述分析，本书将主要研究目标确定为 RHQ 对我国经
济安全影响的路径、结果、具体表现以及应对策略。

## 8.2 国内外文献综述

### 8.2.1 国内文献综述

国内对国家经济安全问题的研究已有 20 多年的历史，可分为两个
阶段：20 世纪 80 年代中后期到 90 年代初期是起步阶段。80 年代中后
期，学者们提出"中国粮食安全"问题，引起了对国家经济安全问题
的关注。之后，随着对外开放的不断深入，一些学者和研究机构开始
关注外资进入我国后的产业安全问题。这个阶段的相关研究成果散见
于一些杂志、报纸，主要关注粮食安全、制造业安全、石油安全等某
一个方面的国家经济安全，缺乏系统性研究。20 世纪 90 年代中后期
以来是迅速发展时期。90 年代中后期，政界、学界越来越关注国家经
济安全问题。党的十五大报告明确提出要"维护经济安全"，十六大报
告则强调指出要"十分注意维护国家经济安全"，之后，国家有关部门
相继出台了一系列保护产业安全的政策法律。与此同时，国家经济安
全的相关研究也不断增多，并在以下方面取得了很大进展。①国家经

济安全理论研究框架逐步建立并得到进一步丰富和发展。中国社会科学院的赵英（1994）作为国内最早系统研究国家经济安全的学者，开创性地对国家经济安全的概念、影响因素、战略等方面进行了研究；清华大学以雷家骕（2000）为代表的国家经济安全研究中心以系列丛书的形式逐步建立了国家经济安全研究的基本理论框架；而其他学者则从不同侧面丰富和发展了国家经济安全理论，比如郑通汉（1999）用新制度经济学方法研究经济全球化条件下国家经济安全问题，陈叔红（2005）以经济全球化的理论视角研究国际投资、产业发展等具体的国家经济安全问题，并构建完成了比较完整的研究框架；李孟刚（2006）则选取国家经济安全重要组成部分的产业安全作为突破口，进行产业安全理论研究，并构建了一套包括理论体系和理论模型的产业安全理论；朱钟棣等人（2006）则提出了产业安全指标；另外做出贡献的还包括中国现代国际关系国家经济安全中心（2005）以及其他一些学者。②国家经济安全监测预警相关问题的研究进展较快。赵英（1999）出版专著《超越危机——国家经济安全的监测预警》从理论上系统地论述了国家经济安全监测预警问题；雷家骕（2000）集中讨论了经济安全态势监测预警与经济景气监测预警的联系及区别，国家经济安全状态的监测，国家经济安全趋势的预警；聂富强（2005）在论述国家经济安全预警理论和方法的基础上，具体研究了包括能源在内的十几个直接对国家经济安全产生影响的领域，其研究成果对国家经济安全预警系统的建立与完善，以及国家经济安全政策的制定有非常大的参考价值；余根钱（2004）选取 6 个一级指标和 16 个二级指标建立了国家经济安全指标体系，利于监测国家经济安全状况，等等。③对外开放对我国经济安全影响的研究成果日益丰富。江时学（2004）提出，由于国际金融体系还无法对全球范围内的资本流动加以有效的管理，因此金融全球化也对发展中国家的经济安全构成巨大的威胁和挑战；叶卫平（2006）以"入世"为着眼点，研究了我国航空工业、电子信息产业、汽车工业等相关产业的安全问题，并提出了应对策略；王志乐（2007）就外资并购与国家经济安全发表了看法，认为中国处于一个半世纪以来经济安全度最高的时期，现在还没有一个企业真正被外资企业垄断，应该积极吸引外资，并强调提高外资质量，以促进我国经济增长方式的转变；葛顺奇（2008）以装备制造业细分行业为例，探讨了跨国公司对我国装备制造业的直接投资和行业控制情况，研究结果表明跨国公司对我国通用设备制造业和专用设备制造业的高度控制或垄断几乎是不存在；丁冰（2008）认为当前要特别关注和维护各个产业与金融领域的安全问题，从我国实际出发，利用外资一般不宜采取并购模式，禁止外资并购、控制我国的龙头企业、关键企业，以维护我国的经济安全；李长久（2008）坚持制定和实现反垄断法与相关政策，防止跨国并购形成垄断，以维护国家安全，等等。除去上述诸多学者的研究外，王永县（2002）主编出版了《中国国家经济安全态势观察与研究报告》，北京交通大学中国产业安全研究中心也致力于研究外资与我国产业安全的问题，连续出版了《中国产业安全蓝皮书》。另外，学者们还提出了一些应对策略。

## 8.2.2　国外文献综述

国外有关国家经济安全的研究要早于国内。在 20 世纪 60 年代，一些美国学者开始关注两大军事集团对峙对于各自最为根本的经济利益"是利是弊"的问题。70 年代，第一次石油危机之后，日本学者开始关注日本的生存空间和经济安全问题，1980 年日本政府发布了《国家综合安全报告》，在报告中经济安全被作为国家安全的组成部分。90 年代，国家经济安全问题引起了越来越多的国际政要、战略专家的关注，国家经济安全的概念已经逐渐融入到不少国家的国家战略或政府决策之中，比如 1993 年，美国时任总统克林顿指出："我们将把我国的经济安全作为对外政策的主要目标"；1996 年俄罗斯明确提出国家经济安全战略和国家安全基本构想，力求通过保障国家经济安全来保证俄罗斯经济在世界上的独立性，减少对西方发达国家的依赖，保证俄罗斯在经济利益不受威胁的状态下转轨和持续发展。1997 年亚洲金融危机之后，国家经济安全问题研究迅速遍及全球，比如美国、法国、英国、俄罗斯、印度、日本等国家以及 IMF、世界银行、OECD 等机构都在有组织地研究国家经济安全问题（雷家骕，2000）。与此同时，出现一些有影响的学者，比如吉尔平（Gilpin）、库珀（Cooper）、奈（Nye）、基奥恩（O.Keohane）等，其中吉尔平对国内学者影响较大。吉尔平（2001）在《全球政治经济学：解读国际经济秩序》一书中研究了冷战后经济和政治出现的新发展特点，对于这些新特点，他重点讨论了改变世界面貌的强大的经济、政治和技术力量，尤其关注经济全球化及其对经济事务的真正作用和所谓的消极影响。吉尔平认为全球化的性质、范围和意义都被人为夸大和误解了，国家仍然是经济事务中重要的决定因素，同时强调经济区域主义、跨国公司以及金融动荡对全球经济的重要影响也是不容忽视的。

总体来讲，国内外学者和机构对国家经济安全进行了越来越广泛的研究，然而影响国家经济安全新要素的不断出现会赋予其新的研究内容，RHQ 集聚就是其中之一。

## 8.3 研究思路与框架

本部分将围绕着我国经济安全展开研究，拟将跨国公司和经济学相关理论作为解释 RHQ 影响我国经济安全的理论支撑入手，重点研究 RHQ 影响我国经济安全的路径、后果及其具体表现，并在最后提出相应的应对策略。本部分的研究思路如图 8-1 所示。

依据上述研究思路，本部分结构安排如下：

第 8 章提出本部分的研究范围、目的、意义和框架。

第 9 章着重剖析 RHQ 为何成为影响我国经济安全的新外生因素。经济全球化、FDI、国际分工以及经济危机是人们比较关心的影响我国经济安全的原有外生因素，但是 RHQ 它们存在明显差异，故 RHQ 将成为影响我国经济安全的新外生要素，对我国经济安全产生影响。

第 10 章试图探讨 RHQ 集聚的产业基础及其对我国经济安全影响的理论依据，并依此理论依据展开解释。本书依据美国学者马库森（James R. Markusen）的相关理论研究认为，RHQ 集聚需要有相关产业集群为基础，否则不可能形成 RHQ 集聚现象。RHQ 集聚对我国经济安全产生影响，其理论依据包括产业集聚理论和价值链理论。产业集聚理论是自 19 世纪末马歇尔（Marshall，1842—1924）的研究之后，出现较大发展，也出现了许多流派。本书将在梳理产业集聚理论的各个流派主要观点以及产业集聚效应的基础上展开相关讨论。价值链理论由企业空间价值链和产业空间价值链共同组成的。本书将在梳理价值链理论及其效应的基础上，从企业和产业价值链两个方面探讨以 RHQ 为核心所形成的集群效应和链式效应对我国经济安全产生的影响。

第 11 章重点研究 RHQ 集聚对我国经济安全影响的路径。RHQ 集聚对我国经济安全影响的路径是一个复杂系统。RHQ 作为影响我国经济安全的外生因素，集聚之后对我国经济安全产生的影响涉及威胁国家经济发展、国计民生和整体经济利益的各个领域。外生因素对我国经济安全产生影响的前提条件是国内具有完成承接、传导与扩散过程的内生风险因素，这一过程因分类标准不同，会形成影响我国经济安全的不同路径。本书将从基于我国经济安全各个领域重要程度和基于我国经济安全诱发原因两个角度来探讨 RHQ 集聚对我国经济安全影响的路径。

第 12 章分析 RHQ 集聚对我国经济安全影响的具体体现。国家经济安全具体体现于宏观和微观两个方面，宏观方面主要包括政府的宏观调控和治理能力，集中体现在货币政策和财政政策独立有效的运行。微观主要体现在经济主权独立性、生态环境、经济结构合理性、民族企业生存环境以及社会安定等方面。RHQ 集聚之后，凭借其无与伦比的市场垄断、行业影响、政府影响、资金调拨等各方面的能力，会直接从宏观和微观两个方面充分体现出对我国经济安全的影响。本书将对此做出较为详细全面的研究。

第 13 章以 RHQ 集聚于中国香港，对香港—广东经济发展产生的影响为案例进行研究。香港以其独特的优势已经成为亚洲商业首选区位，RHQ 最具吸引力的地方，是全球集聚 RHQ 最多的区位。RHQ 集聚香港对我国经济安全产生哪些影响呢？本书将从内部性和外部性两个角度对此做出研究，其中内部性着重于 RHQ 本身独特功能，外部性则着重于产业空间价值链。

跨国公司地区总部集聚给我们带来了什么——基于正反两方面的思考

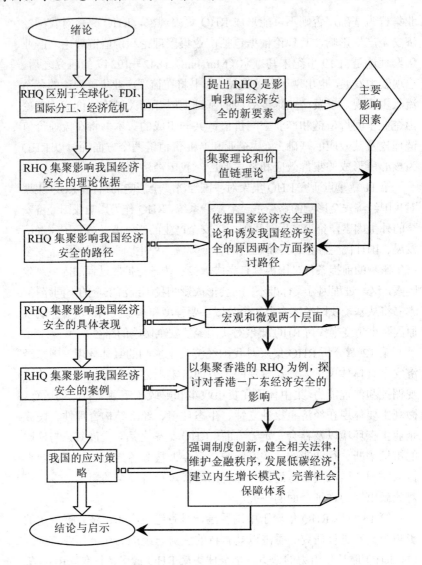

图 8-1　本部分研究框架

第 14 章依据前文讨论，从科学发展观要求出发，以我国"十二五规划"为战略发展目标，充分利用 RHQ 集聚带来的正效益、摒弃负效益，提出我国的应对之策。本书将着重强调制度创新，以相关法律为根本保障，以维护金融秩序为核心，以坚持发展为首要任务，正确处理好对外开放、发展国际经济合作与维护国家利益和经济安全的关系，才能全面、协调、可持续地发展我国经济，增强我国综合国力，有效化解经济全球化带来的各种负面影响，确保我国经济安全。

第 15 章给出相应的结论及其启示。

## 8.4　重点、难点、主要创新与不足

本书重点主要集中于：①努力寻求 RHQ 集聚对我国经济安全影响的路径，其间会通过文本和网络进行大量的文献检索获得相关资料，并结合使用归纳和演绎等方法展开研究。②深入探究 RHQ 集聚对我国经济安全影响的具体体现，其间会选择合理指标，充分利用经济学理论，结合使用归纳与演绎方法进行分析。

本书难点主要集中于：①可直接参考的文献资料过少。②数据统计资料的获得较难。为解决上述诸难点，本书将使用演绎推理和类比分析等方法。

本书拟创新点主要集中于：①RHQ 属于影响我国经济安全的外部要素，但是它不属于已有的外部要素中的任何一种，因为它区别于经济全球化、FDI、国际分工以及经济危机等各种因素，因此，RHQ 是影响我国经济安全的新要素。②RHQ 集聚对我国经济安全影响的路径具有独特性。本书从两个方面进行了研究：一方面，依据国家经济安全理论把国家经济安全涉及的各个领域划分为关键领域和重要领域两部分为基础，研究 RHQ 集聚产生的总体路径，并剥离核心路径和边缘路径；另一方面，基于我国经济安全诱发原因的不同，再次探讨相关路径。③RHQ 集聚从宏观和微观两个层面形成影响我国经济安全的具体体现。宏观方面着重体现在影响货币政策和财政政策的独立运行；

微观层面着重体现在经济主权独立性、经济结构合理性、民族企业生态环境以及社会安定等方面。

本书不足之处在于：在考察 RHQ 成为影响我国经济安全的新外生因素时，因为缺乏统计数据，未能从定量角度来进一步证实，这不能不说是一个明显不足之处。为弥补该不足，本课题组对此将继续关注。

## 8.5　研究方法

本项目在研究过程中主要结合使用了对比分析法、归纳与演绎法、列举法以及案例分析法。具体如下：

方法 1：对比分析法。第 9 章分析 RHQ 是影响我国经济安全的新外生因素时，利用对比分析方法从经济全球化、来华 FDI、国际分工深化以及经济危机等方面进行对比分析 RHQ 的独特性，以期给出令人信服的有关 RHQ 是影响我国经济安全新外生性因素的结论。

方法 2：归纳与演绎法。第 10—11 章分析 RHQ 影响我国经济安全的理论基础和路径时，利用归纳总结和演绎推理的方法将跨国公司和经济学相关理论运用于具体分析过程之中。特别是在第 11 章中，分别从影响我国经济安全各个领域重要程度以及影响我国经济安全诱发原因两个方面总结出总体路径、核心路径和边缘路径。

方法 3：列举法。第 12 章分析 RHQ 对我国经济安全影响的具体表现时，利用列举方法从宏观和微观两个层面上较为详细地列举出若干具体表现，包括宏观层面对于货币政策和财政政策独立运行影响的具体表现；微观层面上对于经济主权独立性、生态环境、经济结构合理性、民族企业生存环境以及社会安定等方面影响的具体表现。

方法 4：案例分析法。第 13 章以集聚香港的 RHQ 为例，探讨 RHQ 集聚对香港－广东经济安全的影响，其中研究重点是对于经济结构的影响。

# 第 9 章

## RHQ：影响我国经济安全的新外生因素

影响国家经济安全的因素既有内生因素，也有外生因素。我国学者更多关注的是包括经济全球化、来华 FDI、国际分工深化，以及经济危机等几个外生因素对我国经济安全的影响。RHQ 与上述各因素有着千丝万缕的联系，但是又与它们存在明显差异，因此，可以说 RHQ 将成为影响我国经济安全的新外生因素。RHQ 集聚对我国经济安全将产生不同于其他各因素的影响。

## 9.1　影响我国经济安全的原外生因素

影响我国经济安全的因素来源于很多方面，不过总体可以归为内生因素和外生因素两个方面。其中内生因素主要包括金融风险、债务风险、国有企业风险、就业和社会保障的压力、经济结构不合理、制造业衰退、战略资源短缺等方面。但是内部生素不属于本书的讨论重点，本书将主要讨论外生因素。

### 9.1.1　经济全球化

当今的世界经济日益成为一个紧密联系的整体。经济全球化已经成为当代世界经济的重要特征之一，也是世界经济发展的重要趋势。经济全球化为我国经济发展带来了机遇，但同时也对我国经济安全产生了影响，主要体现在：①我国对发达国家特别是对发达国家市场的依赖性增强，与欧、美、日等发达国家之间进行的贸易份额在我国对外贸易中占据绝对主导地位，超过90%以上；而产品出口市场也主要集中于欧美等发达国家。②我国经济安全感正被逐渐弱化，捍卫国家经济安全的主导力量被削弱（白石，2002）。我国自从融入全球经济体系之后，主动或者被动地让渡了一些经济主权，经济主权的弱化自然导致经济安全感的下降，给人造成心理上的安全危机。③以跨国公司为代表的国际垄断势力对我国经济安全正在形成威胁，比如对国内企业、产业、行业、人才、技术等方面的威胁。④经济全球化可能对我国金融安全产生影响。主要表现在：全球化使得国际投机资本逐步形成一股强大的"热钱"（hot money）流，四处寻机出击，严重影响着全球金融资本市场的正常运转；经济项目长期出现逆差，外汇储备量减少且长期呈下降趋势；外债数额巨大且债务结构不合理；银行等金融机构不良资产增多，大量的呆账、死账增加了金融系统的脆弱性；金融体系管理混乱，经常有巨额的金融资产流失和亏损（郑汉通，1999）。我国的金融体系依然处于变革阶段，抵御全球化的能力还比较弱，如果处理不好，我国的金融安全将受到全球化带来的威胁。

### 9.1.2　来华 FDI

FDI 促进了我国的经济发展，但是 FDI 却是一把双刃剑，对我国经济安全也会产生负面影响，主要体现于：①吞噬了我国原有的众多名牌产品，比如上海牌手表、永久牌自行车、蝴蝶牌缝纫机、日用品中的活力 28 等。②挤占了民族企业的生存空间以及国有企业的市场份额，使国内企业面临来自国内外双重竞争压力。③在高新技术产业、生产性服务业特别是银行业以及信息行业的份额不断增加，优势越来越明显，对国内相应企业的发展造成压力。④跨国公司吸引了大量的国内企业发展所需的高端人才，使国内企业发展面临人才危机。⑤加剧了我国国内的两极分化，包括传统城乡差距没有改善、沿海地区和内陆地区的差距进一步拉大、不同经济部门之间的收入差距不断扩大（王正毅，2006）。⑥各省市政府为行政业绩彼此竞争甚至出现竞争到底线的惨状，制定各种优惠政策吸引FDI，从而让渡了诸多利益给跨国公司，人为地危及了我国的经济安全。

### 9.1.3　国际分工深化①

国际分工深化使我国有机会融入国际大市场、进入全球体系，但是国际分工深化也给我国经济安全带来了影响，主要体现在：①我国与发达国家的差距将加剧。国际分工深化促使参加其中的每个国家都从不同程度上受益，但是利益分配并不均衡。我国作为发展中国家，处于国际分工的底端，在产品和服务等价格制定方面缺乏主导权，在与发达国家进行交换时，利益受损不可避免，这种不均衡将加剧我国与发达国家的差距。②产业结构调整和升级将受到影响。国际垂直分工的强化不仅给发展中国家带来生态成本的大幅增加，而且受国际垂直分工惯性以及出口"路径依赖"的影响，使得我国的产业等级与发达国家之间的差距无法缩小，最终导致我国的产业结构调整和升级将受到很大影响。③我国的经济主权受到跨国公司的侵蚀。跨国公司的生产结构和分工是以其全球战略规划为出发点的，各国政府均无力将国际分工完全置于自己的掌控之下；而且跨国公司的战略目标（比如全球范围内的资源调拨等）很少和东道国的经济发展目标完全一致，东道国的市场障碍（比如货币金融政策等）不断被跨国公司的全球战略打破，导致东道国的产业分布越来越成为跨国公司全球竞争战略的结果。我国作为发展中国家最大的东道国，经济主权正在受到跨国公司的侵蚀。

---

①夏兴园，王瑛. 国际分工深化与国家经济安全[J]. 华中师范大学学报（人文社会科学版），2001（6）：23－26。

### 9.1.4　经济危机

19 世纪 70 年代初，马克思在修订《资本论》法文版第一卷时曾说过："直到现在，这种周期的延续时间是十年或十一年，但绝不应该把这个数字看作是固定不变的。相反，根据我们以上阐述的资本主义生产的各个规律，必须得出这样的结论：这个数字是可变的，而且周期的时间将逐渐缩短"（《马克思恩格斯全集》，第 23 卷，第 695 页）。正如马克思预言，经济危机频繁爆发、周期不断缩短，基于此，爆发全球性经济危机的可能性增加。我国作为全球经济中不可缺少的一部分，在 2008 年至 2009 年发生的经济危机中，在以下方面均受到了不同程度的影响：①抑制了我国出口导向型经济发展战略的顺利，引起部分沿海企业破产或减产。多年的出口导向型经济发展战略使我国经济发展过于依赖投资和进出口，经济危机的爆发导致我国外部需求萎缩，出口大幅下降，2008 年我国外贸出口总值同比增长 17.2%，增幅同比下降 8.5%；2009 年则转增为降，下降了 16.0%，抑制了我国出口导向型经济发展战略的顺利实施。与此同时，内需又无法吸收，严重影响了国内企业生产和效益增长。其中占全国份额 1/3 的"珠三角""长三角"和"环渤海"等经济发达地区出口型企业大量破产或停产。②增加了我国城乡就业增长压力。经济危机导致部分大中城市尤其是沿海城市部分企业破产或者减产，企业减员严重，占 15%的农民工因失业回流原籍；另一方面新增劳动力就业困难增大，突出体现在大学生就业方面。2008 年，全国大学毕业生未按时就业人数超过 150 万人，占将近总人数的 1/3。③加大了我国企业海外经营风险。近年来，我国企业加大了"走出去"的步伐，许多企业增加了对外直接投资，经济危机引起的需求不旺等原因加大了其经营风险；另外，我国在海外上市的企业也受到较明显的影响，比如美国股市和香港股市大幅下跌，在美国和香港上市的我国企业股价下跌、资产大幅缩水，影响了企业的融资，加大了企业的经营风险及其进一步发展。

## 9.2　RHQ：新外生因素

RHQ 属于外生因素。但是对比分析可以得知，RHQ 不属于前文提及的外生因素中的任何一种，RHQ 是一种影响我国经济安全的新外生因素。

### 9.2.1　RHQ 既是经济全球化的产物，又是其主体

RHQ 是跨国公司出于在全球范围内实现资源有效配置的目的，在全球战略性国家建立起来的，它是经济全球化的产物，是一种地区性组织。RHQ 区别于地区办事处（Regional Offices）、当地办事处（Local Offices）以及地区性中心等其他地区性组织。RHQ 最明显的两个作用是宽泛的地区决策作用和一体化/协调作用，而其他地区性组织只发挥了其中的部分作用：要么决策作用很强，一体化/协调作用很弱；要么决策作用很弱，一体化/协调作用很强；要么决策作用和一体化/ 协调作用都很弱，这种情况最终导致它们在某一方面发展比较完善，而在其他方面则欠缺。RHQ 是各方面发展最为完善的、最为高级的地区性组织，而其他地区性组织是较 RHQ 低级的地区性组织。

RHQ 又是经济全球化的主体。RHQ 被期望起到一种重要的、管理性的、类似于公司总部（以下简称为 HQ）的功能（Lehrer 和 Asakawa，1999），即 RHQ 作为"迷你型"公司总部负责整个地区内的物质资源、人力资源、资金管理、业务开展以及与各东道国政府保持沟通联系等，这种沟通联系充分说明 RHQ 是全球化的主体。但是，RHQ 与 HQ 存在着本质区别：①从管理职能角度来看，RHQ 负责其所在地区内的所有事务、与其他地区之间的协作以及地区内各城市之间的协调，HQ 负责与协调全球范围内的所有事务及其协调。②从管理层级上来看，RHQ 处于第二层次，HQ 居于第一层次，即 RHQ 作为 HQ 的下属单位归其管理，HQ 是 RHQ 的上级管理组织。③从战略规划角度来看，

RHQ 负责其所在地区的战略规划，HQ 负责全球战略规划，与此同时，RHQ 的战略规划不能与 HQ 的全球战略规划发生冲突。④从业务开展的角度来看，RHQ 负责所在地区的业务，HQ 负责全球业务，但是 RHQ 需要服从 HQ。如果 HQ 为抢占某个市场或者达到全球内税收最低，RHQ 则需要从全局出发，在 HQ 的统一布署下通过价格转移展开内部贸易。⑤从对经济影响的角度来看，RHQ 与 HQ 均利于入驻城市的产业结构调整，但是 RHQ 可以有多个，HQ 只有一个，所以说 RHQ 的作用范围比 HQ 更具广泛性。⑥从促进城市功能分化角度来看，RHQ 和 HQ 均有助于入驻城市的功能提升并对周边城市形成带动作用，由于 RHQ 的数量往往多于单一的 HQ，因此，RHQ 对城市功能的提升更具普遍性（如图 9-1）。

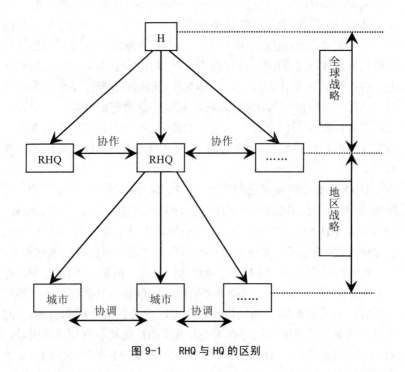

图 9-1　RHQ 与 HQ 的区别

## 9.2.2　RHQ 有别于 FDI

　　RHQ 有别于 FDI。主要区别在于：①从充当的角色来看，RHQ 充当着管理者的角色，是管理 FDI 的主体；FDI 则是一个被 RHQ 管理的对象，是一个客体。②从对东道国的溢出程度来看，RHQ 可以统筹区域内的人力资源、技术资源、资金资源等，各种资源的整合往往可以同步进行；FDI 仅仅是资金资源，其他资源需要跟随 FDI 进入东道国，后跟随而至的资源与 FDI 的整合会出现时滞，因此，RHQ 更有条件对东道国形成益于东道国且高于 FDI 的溢出。③从对跨国公司一体化的作用来看，RHQ 的出现本身就是为了适应跨国公司一体化的要求，RHQ 可以更有利于跨国公司内部贸易的顺利展开；FDI 仅仅是 RHQ 加强跨国公司一体化过程中需要协调的一部分。④从对区域经济一体化的贡献来看，RHQ 的功能和作用决定其对区域经济一体化的贡献明显高于 FDI。

## 9.2.3　RHQ 既参与国际分工，又嵌入东道国

　　RHQ 处于跨国公司体系中的第二层次，是跨国公司总部的下属单位并归其管理，RHQ 负责其所在地区内的所有事务、与其他地区之间的协作以及地区内各城市之间的协调，但是 RHQ 依然是跨国公司的一部分，既然跨国公司参与了国际分工，那么 RHQ 自然也参与了国际分工。但是 RHQ 区别于另外一种公司形式，即投资性公司，它们之间的区别是：①RHQ 既具有很强的决策作用，也具有很强的协调功能，而非单纯的强调决策作用；②RHQ 采取独资的企业组织形式，而不是独资与合资并重；③RHQ 可以从事直接投资、管理和服务活动①，而不仅仅是从事直接投资。

---

　　① 具体的包括投资经营决策；市场营销服务；资金运作与财务管理；技术支持和研究开发；信息服务；员工培训与管理；法律、法规、规章规定的其他经营、管理和服务活动。详见上海市人民政府，上海市鼓励外国跨国公司设立地区总部的暂行规定，2002 年 7 月 20 日，http://www.fid.org.cn。

RHQ 是跨国公司全球化战略的产物，但是它同时兼具实现地区化战略，因此 RHQ 必须嵌入东道国，当它们进入东道国之后，会积极参与东道国的社会事物以及城市建设之中，比如提升入驻城市的功能、提升并对周边城市形成带动作用以及不同规模城市之间的分工合作等。但是，RHQ 有别于嵌入到东道国的跨国公司分公司或者子公司。一方面，RHQ 区别于分公司：①从法人资格来看，RHQ 具有法人资格，在法律上和经济上具有独立性；而分公司不具有法人资格，不能独立承担责任，其一切行为后果及责任由 RHQ 承担。②从开展业务角度来看，RHQ 拥有独立的公司名称和章程，可以独立开展业务；分公司需要由 RHQ 授权开展业务，自己没有独立的公司名称和章程。③从资产所有权来看，RHQ 拥有独立的资产所有权，独立承担责任；分公司没有独立的财产，其所有资产属于 RHQ，并作为 RHQ 的资产列入 RHQ 的资产负债表中，RHQ 对分公司的债务承担无限责任。[1]另一方面，RHQ 有别于子公司：①从职能角度来看，RHQ 更多侧重的是所在区域内下属子公司和分公司等协调和管理职能；子公司更多侧重的是业务职能，更多局限于子公司内部的协调和管理。②从系统角度来看，HQ 作为大系统，它是由诸多 RHQ 子系统组成的，而 RHQ 子系统又是由诸多分公司和子公司组成的；③对东道国经济影响的角度来看，RHQ 的职能决定了其溢出效应明显大于子公司。

## 9.2.4 RHQ 既受经济危机的影响，同时又会影响经济危机

我国作为发展中国家，长期以来都与发达国家之间保持一种不合理的国际分工，进出口的不等价、市场开放的不对等和国际贸易活动的不平等、在国际金融组织中的地位不平等、在国际货币体系中收益与风险的不平衡等，它们有可能共同促使我国发生经济危机，进而引致其他国家发生经济危机。一旦发生经济危机，肯定会波及上述国际经济活动的参加者。RHQ 作为上述国际经济活动的重要参加者之一，

---

[1] 当跨国公司没有 RHQ 时，分公司的资产负债等均由母公司承担。

一定不会"幸免于难"，即 RHQ 会受到经济危机的影响。

另一方面，RHQ 是跨国公司出于全球化战略在全球范围内具有战略地位的东道国建立的，不仅拥有独立的资产所有权，独立承担责任，而且它们管理着地区内的分支机构，并协调与其他地区的 RHQ 的关系。RHQ 有能力洞察区域经济动态，并及时调整跨国公司地区发展战略，通过 RHQ 的努力，会在一定程度上影响经济危机，既可以加剧经济危机，也可以抑制经济危机。但究竟是加剧还是抑制经济危机，取决于 RHQ 参与国际分工、国际贸易以及国际金融活动的程度如何。

## 9.3　本章小结

影响我国经济安全的外部因素有很多，其中最主要的因素包括经济全球化、来华 FDI、国际分工深化以及经济危机等方面，它们从不同侧面影响了我国的经济安全。RHQ 作为经济全球化主体，即跨国公司的管理部门，也属于外部因素，但是 RHQ 是跨国公司出于在全球范围内实现资源有效配置的目的，在全球战略性国家建立起来的，它是经济全球化的产物，是一种地区性组织；另一方面 RHQ 作为"迷你型"公司，总部负责整个地区内的物质资源、人力资源、资金管理、业务开展以及与各东道国政府保持沟通联系，等等，这种沟通联系充分说明 RHQ 是全球化的主体。

RHQ 有别于 FDI。主要区别在于：RHQ 是管理 FDI 的主体；FDI 则是一个被 RHQ 管理的对象，是一个客体。RHQ 可以统筹区域内的人力资源、技术资源、资金资源等，各种资源的整合往往可以同步进行；FDI 仅仅是资金资源，RHQ 更有条件对东道国形成益于东道国且高于 FDI 的溢出。RHQ 的出现是为适应跨国公司一体化要求，FDI 仅仅是 RHQ 加强跨国公司一体化过程中需要协调的一部分。RHQ 的功能和作用决定其对于区域经济一体化的贡献明显高于 FDI。

RHQ 既参与国际分工，又嵌入东道国。RHQ 处于跨国公司体系中的第二层次，是跨国公司总部的下属单位并归其管理，既然跨国公司参与了国际分工，那么 RHQ 自然也就参与了国际分工。另一方面，RHQ 必须嵌入东道国，当它们进入东道国之后，会积极参与东道国的社会事务以及城市建设之中。但是，RHQ 有别于嵌入到东道国的跨国公司分公司或者子公司。

RHQ 是各种国际经济活动的重要参加者之一，一定会受到经济危机的影响。另一方面，RHQ 有能力洞察区域经济动态，及时调整跨国公司地区发展战略，在一定程度上影响经济危机，但究竟是加剧还是抑制经济危机，取决于 RHQ 参与国际分工、国际贸易以及国际金融活动的程度，以及各东道国对 RHQ 监督管理的有效性。

随着 RHQ 入驻我国的数量越来越多，RHQ 的集聚对我国经济安全的影响将越来越受到各界的关注，那么 RHQ 集聚的产业集群基础是什么呢？RHQ 集聚对我国经济安全产生影响是否有理论依据呢？利用这些理论如何解释 RHQ 集聚对我国经济安全产生的影响呢？这将是下一章的重点。

# 第10章
## RHQ 集聚影响我国经济安全的理论基础和解释

    RHQ 集聚需要有相应的产业集群为基础，否则不可能形成 RHQ 集聚，换句话说，相应产业集群基础的存在是形成 RHQ 集聚的前提条件。RHQ 集聚之后既可以推动我国经济发展，也可以对我国经济安全产生影响。其中后者可以由产业集聚理论和价值链理论来解释。从产业集聚角度来看，RHQ 集聚可以产生集聚正效应，也可以产生集聚负效应。当 RHQ 集聚超过集聚最优规模时，集聚正效应向集聚负效应转化。从价值链角度来看，RHQ 集聚既可以产生集聚效应，也可以产生链式效应，RHQ 通过集聚效应和链式效应两种效应影响我国经济安全。

## 10.1 RHQ 集聚的产业集群基础

    产业集聚模式包括市场创造模式和资本转移模式。在我国国内，市场创造模式形成产业集聚的典型地区是浙江省，该省内有许多颇具规模的专业化市场，最终形成了一个个具有完整产业链的产业集群；在资本迁移模式下形成的产业集聚或产业集群有很多，其中主要的迁移性资本是 FDI，而 RHQ 集聚有可能成为其中最显著者。本书将根据 1996 年马库森在《光滑空间中黏性的区域：产业区的分类》一书中提出的四种产业集群类型对 RHQ 集聚的产业集群基础做出研究。四种产业集群类型是马歇尔产业集群（Marshall industrial district）、轮轴型产业集群（Hub-and-Spoke industrial district）、卫星平台型产业集群（Satellite Platform industrial district）和国家力量依赖型产业区（State-anchored district），前三种为典型形式。上述四种产业集群形式对 RHQ 具有不同的吸引力，导致 RHQ 集聚的程度也不同。

### 10.1.1　马歇尔型产业集群

马歇尔型产业集群是根据马歇尔（1890）在《经济学原理》一书中关于产业集群的论述命名的，其主要特征为：主要由中、小规模企业网络联结而成，企业的地域根植性较强。

马歇尔集群在不同时期体现出某些明显的区域特征。在早期，马歇尔产业集群内形成了一个完整的生产－消费体系，与其他国外公司基本没有什么联系。不过现在，马歇尔产业集群内的本土公司与国外公司的联系越来越密切。

此时跨国公司还没有直接进入当地的生产系统，而是以区内企业服务的"客商"出现，因此，此时不可能有 RHQ 入驻，更不可能出现 RHQ 集聚。在这种情况下，RHQ 不可能对当地经济发展产生影响。

### 10.1.2　轮轴型产业集群

轮轴型产业集群的简单模式是集群内存在着单一核心大企业，它从本地和外部供应商那里采购，而产品销售到集群外。围绕核心大企业的生产和生活需要，又集聚了众多的辅助企业。

轮轴型产业集群有两个特点：①集群内由一个或多个大型垂直一体化企业支配，它们是集群的轴心，也是区域经济的核心；②核心企业与外部的众多供应商之间存在密切的合作和交易关系，形成了长期契约。集群内出现合作，不过一般是在核心企业层面上的合作。围绕核心企业，集群内将形成一种明显的区域文化特性。核心企业控制包括资金来源、技术专家、商业服务等在内的重要资源，当地政府则扮演着管理角色并推动核心产业的发展。区域经济的发展依赖于核心产业和轴心企业的战略眼光，以及核心企业和政府的共同努力。

此时，极可能出现 RHQ，主要因为：①出于与上下游企业以及区内企业的合作；②在寡头垄断市场结构中，及时了解对手战略的需要；③与当地政府之间协调的需要；④领会公司总部战略并将其实施的需要；⑤与其他分支机构之间协调的需要；⑥如果母国和东道国政策允许的话，与核心企业有密切业务往来的大型银行会追随客户也会建立 RHQ，反之，它们会以变化的形式出现。不过，尽管会出现 RHQ，但是此时的市场结构属于寡头垄断的市场结构，所以 RHQ 出现的前期应该以少数寡头垄断企业的 RHQ 为主，其类型单一，出现 RHQ 集聚的可能性很小，对区域经济发展的幅射带动作用很小。不过随着寡头垄断企业与其上下游企业合作的不断开展，会逐渐形成集群，并不断增加对区域经济发展的促进作用。

## 10.1.3　卫星平台型产业集群

卫星平台型产业集群由跨国公司或多厂企业的分支工厂或机构组成的，它往往是在开发区的基础上发展起来的，区内企业间缺乏联系和合作，但每个分支工厂与其区外的母公司、供应商以及客户等保持密切联系，企业生产经营的关键资源如管理人员、技术专家、投资决策以及生产服务等都来自区外。此时，只要有一家跨国公司在该区位建设 RHQ，那么跨国公司出于战略考虑也会立即追随而至建立其 RHQ，其结果极可能出现 RHQ 集聚。不过，该集聚应该是在核心城市的基础上发展起来的，包括各种类型的 RHQ。

RHQ 聚集之后自然就形成一种集聚，该集聚属于一种高端的服务型的集聚，因此可以提升所在地区的产业结构及其经济发展。其形成特点是：①RHQ 本身对区域经济发展的幅射带动作用大幅度增加；

②RHQ 在和公司总部的整体战略不发生冲突的前提下，有权力负责本区域内部的生产和投资，协调区域内的上下游关系，加强和当地供应商的长期合作，将形成产业集群；③RHQ 有义务搞好与区域外本公司系统的其他 RHQ 之间的协调与沟通，以避免为争夺某些市场而彼此之间形成的恶性竞争；④利用当地政府的支持，RHQ 提倡资金、技术、商业服务内部与外部筹借并举。其中当地政府主要提供基础设施、税收、高级管理人员以及 RHQ 入驻前后等方面的优惠政策；RHQ 则积极主动地融入当地的公共事业、社会事业等。

### 10.1.4　国家力量依赖型产业区

国家力量依赖型产业区是受一个或几个大型国家机构（比如军事基地、国防工厂、武器研究室、大学、政府办公机构等）支配，其经济关系由国家政治而非私营部门决定。支配机构、供应商和买方之间的合约和承诺是短期的，地方私营部门间的合作程度也非常低。但支配机构与总部在区外的供应组织、外部企业有高度的合作和联系。

此时，该产业区内形成 RHQ 集聚的可能性非常小，更不大可能对区域经济产生更多的影响。

## 10.2　理论基础——产业集聚理论和解释

有关产业集聚问题的研究产生于 19 世纪末，马歇尔（Marshall，1842—1924）在 1890 年就开始关注产业集聚这一经济现象，并提出了"内部经济"和"外部经济"。继马歇尔之后，产业集聚理论有了较大的发展，出现了许多流派。其中主要代表包括：韦伯（Weber）、胡佛（E. M. Hoover）、熊彼特（J. A. Schumpeter）、克鲁格曼（Krugman）、波特等。本书将在梳理产业集聚理论的各个流派的主要观点的基础上，展开相关解释。

## 10.2.1 产业集聚理论的发展脉络

1. 韦伯的区位集聚论

工业区位理论的创始者阿尔弗雷德·韦伯，于 1909 年出版了《工业区位论》一书，提出了工业区位理论。他认为，集聚能给企业带来更多的收益（如购买原料的便利、共享劳动力市场、共用基础设施等），所以企业有集聚的愿望。企业获得集聚收益的方式主要有两种：①扩大生产规模，增加生产的集聚程度，从而可以降低产品成本；②通过选择与其他工厂紧密相连的配置，可以获得收益。但是，企业迁移到集聚区后又会增加迁移的运费，会增加产品的成本。而劳动力费用、运输费用、集聚收益是决定企业是否集聚的关键，企业是否集聚取决于集聚后增加的收益与因迁移而增加的运输成本的对比。

韦伯的主要贡献包括：①提出了决定工业区位的最小成本原理，认为工业区位形成的基本动力在于经济收益－成本的对比，由此产生了对工业的吸引力大小；②首次提出了"区位因素"的概念，并系统地分析了运输、劳动力和聚集几个最重要的因素对工业区位的影响；③创造性地提出了若干有关区位分析的概念和工具，比如原料指数、等运费线、临界等运费线，等等（张长立，2004）。

2. 胡佛的产业集聚最佳规模论

美国区域经济学家埃德加·M. 胡佛，于 1948 年出版了《经济活动的区位》。在书中，他把集聚经济看作生产区位的一个变量，把企业群落产生的规模经济定义为某产业在特定地区的集聚体的规模所产生的经济。他认为规模经济可以区分为三个不同的层次，就任何一种产业来说，都有：①单个区位单位（工厂、商店等）的规模决定的经济；②单个公司（即联合企业体）的规模决定的经济；③该产业在某个区位的集聚体的规模决定的经济。而这些经济各自得以达到最大值的规模，则可以分别看作是区位单位最佳规模、公司最佳规模和集聚体最佳规模。

胡佛的主要贡献在于指出产业集聚存在一个最佳的规模，如果集

137

聚企业太少，集聚规模太小的话，则达不到集聚能产生的最佳效果；如果集聚企业太多，则可能由于某些方面的原因使集聚区的整体效应反而下降。

3. 熊彼特的创新产业集聚论

熊彼特在 1934 年提出了经济创新的思想。他主要是从创新角度来阐释产业集聚现象的，认为产业集聚有助于创新，创新也有助于产业集聚，创新并不是企业的孤立行为，它需要企业之间的相互合作和竞争，需要企业集聚才得以实现。另外，熊彼特还对技术创新和产业集聚的发展进行了整合研究，他认为技术创新的产业集聚和增长的非同期因素是经济波动的一个很重要的原因。

熊彼特的主要贡献在于以一般均衡为出发点，将经济体系内在因素的发展作为推动体系本身发展变化的动源，以"创新"概念为中心，把历史的、统计的与理论的分析紧密结合（张长立，2004）。

4. 波特的簇群理论

波特在 20 世纪 90 年代系统地提出了以产业集群为主要研究目标的新竞争经济理论。他认为竞争导致产业的集聚，产业集聚的核心内容是其竞争力的形成和竞争优势的发挥，并提出了国家竞争优势的"钻石模型"。波特认为这个钻石体系一旦形成就会由于"循环积累原理"而自我强化，推动产业的竞争优势不断提高。钻石体系中各个关键因素都具有地理集中性，因此，其运行的结果客观上推动了一个国家的优势产业趋向于集中，形成产业集聚。

波特从竞争力的角度探讨了产业集群概念，指出了"企业－产业－国家"三个层次之间竞争力的关系。以丹麦、德国、意大利、日本、英国和美国等 10 个重要贸易国为例进行了调查分析，波特认为：①国家竞争优势主要不是体现在比较优势上，而是体现在产业集群上，产业集群是国家竞争优势的主要来源，国与国在经济上的竞争主要表现在产业集群上的竞争；②创新是企业竞争优势获得的根本途径，也是企业保持持续竞争能力和国家保持竞争优势的核心，而产业集群则正是企业实现创新的一种有效途径，因为产业集群本身就是一种良好的创新环境。

## 10.2.2　依据产业集聚理论的解释

产业集聚可以产生若干集聚效应，可以为正，也可以为负。其中最主要的集聚正效应包括外部规模经济效应、创新效应以及竞争效应。RHQ 集聚也会同样带来上述集聚正效应，但是当 RHQ 集聚超过最优规模时（如图 10-1 所示），集聚效应将由正变为负，不但不能给区域经济发展带来好处，相反还会带来危害。图 10-1 表示集聚规模与集聚效应之间的关系，即 OAB 曲线，横轴表示 RHQ 集聚规模，纵轴表示 RHQ 集聚规模变化引起的集聚效应变化；A 点为最优集聚规模与最大集聚效应；随着 RHQ 集聚规模的不断增大，如 B 点，集聚效应减至零；之后规模继续增大，集聚效应为负，此时 RHQ 集聚只能给我国经济带来风险。

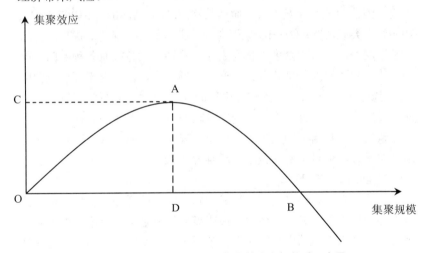

**图 10-1　RHQ 集聚规模及其集聚效应之间关系示意图**

1. 外部规模经济效应的危害性

外部规模经济是规模经济的一种，是指产业集聚的外部经济效应。产业集聚可以提高劳动生产率。英国经济学家马歇尔研究发现，集中在一起的厂商比单个孤立的厂商更有效率（外部经济）。相关产业的企业在地理上的集中可以促进行业在区域内的分工与合作。

RHQ 集聚属于特殊群体的集聚，形成外部规模经济时，因其具有的特殊性将会给区域经济发展带来某种程度的危害。这主要体现在：①RHQ 集聚将形成 RHQ 集聚的乘数效应，乘数效应会使得区域经济发展过度依赖 RHQ。当进攻型 RHQ 进入我国之后，围绕该 RHQ 形成关联产业 RHQ 集聚，并在周边欠发达地区形成相关产业集聚；接着围绕追随 RHQ 又会形成新的关联产业 RHQ 集聚以及新的关联产业集聚……以此类推将形成某个区域内关联 RHQ 的不断集聚，很可能以乘数形式扩大。这种情况会导致区域经济发展过程中，过度依赖 RHQ 和外国资本，对 RHQ 和外国资本的过度依赖会威胁我国经济安全，因为 RHQ 本身是以跨国公司发展战略为前提的，以利润最大化为基本原则，一旦 RHQ 不能充分发挥比如创建者、资源分配者、协调者和管理者的作用，跨国公司会考虑撤销 RHQ，在 20 世纪 60 年代，美国跨国公司就曾经发生大举撤销其欧洲 RHQ（Williams, 1967; Parks, 1969）的类似情况；②RHQ 集聚会因其良好的办公条件、优良的待遇以及发展空间而吸引众多的优秀人才，特别是大量拥有各种专门技能的人才，也可以对外地相关人才产生磁场效应，但是对于民族企业来讲，则要面临人才流失等灾难性事件的发生。这种流失往往是单向的，即由民族企业流向外资企业，反向流动的可能性非常小。这种情况又会导致另外一种情形的发生，即很难出现技术外溢，致使民族企业想通过技术外溢促进本身的技术创新难度加大。

2. 创新效应畸形化

产业集聚可以促进创新，形成创新效应，同样 RHQ 集聚可以使技术外溢性得到更充分的体现，最明显之处就是同一集聚区内企业管理人员与技术人员的定期交流会给各个企业带来创新灵感。但是这种外溢性更多地局限于 RHQ 集聚区内，很少外溢至集聚区外，或者需要经过很长时间才能够外溢至集聚区外的民族企业。创新效应已经畸形化。RHQ 集聚形成的技术外溢可以用周期理论来表示（如图 10-2 所示）。在图中，横轴表示外溢时间，纵轴表示净技术外溢。在初始时刻（$t_0$），新产品刚刚由进攻型 RHQ 为代表的跨国公司研制开发出来，由于产品技术还没有成形，还没有出现技术外溢，而且生产规模很小，消费仅仅局限于本系统内部下游产业部分企业的生产之中。到了 $t_1$ 时刻，进攻型 RHQ 开始技术外溢至追随型 RHQ，两种类型 RHQ 的创新能力相近，且同在 RHQ 集聚区内，但是它们各自又都有各自新的 RHQ 集聚区和产业集聚区。随着时间的推移，追随型 RHQ 基本掌握了该技术，并在此基础上进一步改进，形成新的创新产品，逐步能够满足追随型 RHQ 所在集聚区的需求。一直到某个阶段，技术才外溢到民族企业，民族企业慢慢消化掌握。到 $t_2$ 时刻，追随型 RHQ 出现新的技术外溢，$t_3$ 时刻，进攻型 RHQ 自身的技术外溢消失，成为追随型 RHQ 技术外溢的吸收者。$t_4$ 时刻之后，民族企业的创新产品出现，开始出现技术外溢……周而复始。从上述技术外溢周期性可以知道，民族企业最后一个获得技术外溢，成为技术创新者，而技术创新是一个企业生存的核心，是一个民族真正独立的支撑，长此以往，民族企业真正的灵魂在哪里了呢？我国独立的国家创新体系何时形成？

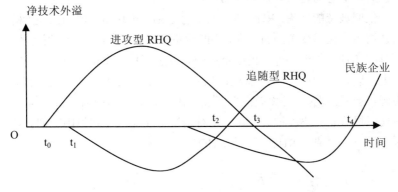

图 10-2　RHQ 集聚技术外溢的周期性示意图

　　另外，集聚使不同 RHQ 雇员之间接触、交流、沟通的机会增多，有助于他们彼此之间产生思想碰撞，进而产生创新思维。新工艺、新技术在集聚区内迅速传播，可以加速创新速度。但是 RHQ 集聚区内雇员之间逐渐形成"从质量和数量上影响社会中互相交往的组织机构、相关关系及信念"，世界银行称之为社会资本。因为社会资本的存在，能够提高 RHQ 集聚区内雇员之间的信息通道，能够提高其创新效率，但是对于集聚区外的民族企业雇员根本无法或者很难融入到集聚区 RHQ 雇员所在群体里面，也就抑制了民族企业的创新能力。

3. 竞争效应使得民族企业边缘化

美国著名学者迈克尔·波特（Michael Porter，1947—）认为，生产要素、需求条件、相关与支持产业、企业战略结构和同业间竞争是企业拥有竞争优势的必要条件。一方面，企业是区域经济发展的主体，集聚于产业区内的企业具备上述必要条件，这就为提高本企业、本行业甚至本区域的竞争力提供了可能。另一方面，产业集聚加剧了企业之间的竞争，而竞争又是企业获得竞争优势的重要来源。竞争既表现在对市场的争夺，也表现在身处同一地区的同行企业可以互为评价标尺，互相比较。这给企业带来了创新压力和动力，迫使企业密切关注技术变革的新动力，不断改进产品，提高服务质量，在竞争中获得优势。与那些散落在集聚区外的企业相比，集聚内的企业具有更强的竞争优势，更容易进入同行业的前沿。

依照波特的理论，RHQ 形成集聚区之后，市场争夺的结果是给跨国公司带来技术变革的新方向，不断改进产品，以在竞争中获得优势。而身居 RHQ 集聚区外的民族企业则难以了解技术变革的新方向，难以进入同行业的前沿。其结果是跨国公司为强，强者愈强；民族企业为弱，弱者愈弱，"马太效应"在发挥作用。RHQ 集聚形成的竞争效应使得民族企业逐渐被边缘化，这种情况非常不利于建设国家创新体系。正可谓"成也 RHQ，败也 RHQ"。

## 10.3 理论基础二——价值链理论和解释

价值链理论由企业空间价值链和产业空间价值链共同组成。一般情况下，企业空间价值链更多地体现于寡头垄断的市场结构中，产业空间价值链则更多地体现于企业规模小、数量多的市场结构中。以 RHQ 为核心形成的价值链可以产生集群效应和链式效应。

## 10.3.1　价值链理论的发展脉络

价值链基本理论最初是由美国哈佛大学教授迈克尔·波特在《竞争优势》（1985）一书中以制造企业为例提出的。价值链理论自波特提出后，迅速得到了广泛应用与发展，相继出现了虚拟价值链理论、价值网理论和全球价值链理论。

1. 波特的价值链理论

波特的价值链理论被称为传统意义上的价值链，偏重于单位企业来分析企业的价值活动，企业同供应商、顾客之间的联系，以及企业从中获得的竞争优势。波特认为"每一个企业的价值链都是由以独特方式联结在一起的九种基本的活动类别构成的"。这九种价值活动可以分成基本活动和辅助活动两大类（如图 10-3 所示）。基本活动是"涉及产品的物质创造及其销售、转移给买方和售后服务的各种活动"，具体包括内部后勤、生产经营、外部后勤、市场销售、服务。辅助活动是"辅助基本活动并通过提供外购投入、技术、人力资源以及各种公司范围的职能以相互支持的活动"，具体包括采购、技术开发、人力资源管理和企业基础设施。

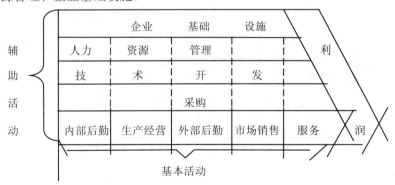

图 10-3　基本价值链

资料来源：[美]迈克尔·波特.竞争优势[M].陈小悦译.北京：华夏出版社，1998：37.

在价值链中，采购、技术开发和人力资源管理都与各种具体的基本活动相联系并支持整个价值链。企业的基础设施虽然不和各种特别的基本活动相联系，但也支持整个价值链。价值活动组成了竞争优势的各种相互分离的活动。"每一种价值活动与经济效果结合是如何进行的，将决定一个企业在成本方面相对竞争能力的高低。每一种价值活动的进行也将决定它对买方需要以及标奇立异的贡献。与竞争对手的价值链的比较揭示了决定竞争优势的差异所在。"①也就是说，企业的价值活动会对竞争优势产生举足轻重的交互关系，最终能够提升企业的竞争优势。

企业价值链进一步又可以和上游供应商、下游买主的价值链相连，进而构成一个产业价值链。波特（1985）认为每个企业都处在产业链中的某个环节，一个企业要赢得和维持竞争优势不仅取决于其内部价值链，而且取决于一个大的价值系统（即产业价值链）中一个企业的价值链同其供应商、销售商以及顾客价值链之间的联接（如图10-4所示）。产业链企业在竞争中执行完成的一系列经济活动，即为产业价值

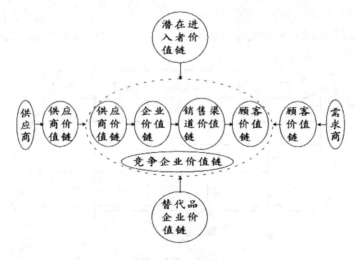

图 10-4　产业价值链

---

① [美]迈克尔·波特. 竞争优势[M]. 陈小悦译. 北京：华夏出版社，1998：38。

链。它更加突出"创造价值"这一最终目标，描述了价值在产业链中的传递、转移和增值过程。

2. 价值链理论的发展

Peter Hines 是新价值链理论的主要代表之一，他将价值链概念延伸至产业总体范围，将顾客和原料供应商纳入价值链，并将波特的价值链重新定义为"集成物料价值的运输线"。Hines 理论与波特理论最主要的差别在于：①二者的价值链作用方向相反，其中 Hines 把顾客对产品的需求作为生产过程的目标和终点，把利润作为满足这一目标的副产；波特只把利润作为主要目标；②Hines 把材料供应商和顾客纳入价值链，这意味着在不同阶段价值链上的成员不同；波特认为价值链只包含与生产行为直接相关或直接影响生产行为的成员。

价值网的概念是由美国 Mercer 顾问公司的亚德里安·斯莱沃斯基（Adrian J. Slywotzky）于 1998 年在《发现利润区》（Profit Zone）一书中首次提出的，2000 年美国学者大卫·波维特（David Bovet）在《价值网：打破供应链、挖掘隐利润》（Value Nets）一书中进一步发展了价值网。价值网的本质是在专业化分工的生产服务模式下，通过一定的价值传递机制，在相应的治理框架下，由处于价值链上不同阶段和相对固化的彼此具有某种专用资产的企业及相关利益体组合在一起，共同为顾客创造价值。产品或服务的价值是由每个价值网的成员创造并由价值网络整合而成的，每一个网络成员创造的价值都是最终价值的不可分割的一部分。因此，价值网是由利益相关者之间相互影响而形成的价值生成、分配、转移和使用的关系及其结构。价值网潜在地为企业提供获取信息、资源、市场、技术以及通过学习得到规模和范围经济的可能性，并帮助企业实现战略目标。

世界经济一体化与跨国公司生产经营全球化成为全球价值链（Global Value Chain）理论产生的催化剂，成为当前研究跨国生产经营活动开展和利益分配的有效分析工具。全球价值链包括四个维度：投入－产出结构、空间布局、治理结构和体制框架。其中，投入－产出结构是指价值链的基本结构，它在传统的物质流基础上进一步结合了知识和技术流；空间布局是描述价值链基本结构上的各个环节在跨越国界后形成的国际化布局；治理结构是指价值链中发挥主导作用的成员在对价值链各环节进行统一组织和协调过程中形成的治理结构，它决定了价值链的运行机制；体制框架主要是指价值链所处的国内和国际的体制背景（包括政策法规、正式和非正式的游戏规则等），它在价值链的各个节点上对其产生影响。在全球价值链理论下，不同企业可以通过分析各自在价值链中所处环节的决定性因素来制定各自不同的发展战略。

## 10.3.2　依据价值链理论的解释

RHQ 是跨国公司在进行全球生产布局的前提下，利用信息技术的高度发展，选址建立的。它表现了 RHQ 集聚效应，RHQ 和生产基地之间、核心区和产业基地之间的空间价值链对我国经济安全产生的影响。

1. RHQ 集聚效应威胁我国产业安全等方面

当某个行业的跨国公司出于全球战略考虑选择某个城市建立 RHQ 之后，与该跨国公司同一行业的其他跨国公司出于防御战略也会在该城市建立 RHQ；上下游产业的跨国公司出于市场需求也会"追随"至该城市建立 RHQ。众多行业的 RHQ 集聚该城市之后，会显示出集聚效应（任永菊，2004）。但是不加以监督管理的话，集聚效应的出现同样对我国经济安全形成威胁。

RHQ 集聚不利于维护我国产业安全：①在产业全球化背景下，国际产业转移会影响我国的产业政策和产业转型。但是 RHQ 集聚区内对竞争优势的需求推动了区内产业的发展及其竞争力的提升，却从一定程度上抑制 RHQ 集聚区民族企业竞争力的提升，损害了我国产业安全；②RHQ 集聚区内核心企业往往是垄断型跨国公司，拥有该产业的自主权或控制权，掌控该产业的未来发展方向，控制国内企业以及相关产业，从而威胁我国的产业安全；③产业布局是我国区域经济发展规划的基础，以及经济发展战略的重要组成部分，RHQ 集聚区影响着我国产业布局，政府合理规划引导 RHQ 集聚区形成与发展的难度比较大，因此从一定程度上对我国产业安全带来风险。

RHQ 将利于降低跨国公司等垄断型核心企业的成本，但是却不利于处于边缘地位的民族企业生存。核心企业为降低成本，往往从以下方面入手：①核心企业在进行价值活动时，需要寻求关联企业的合作以获得原材料、零部件及配套服务，关联企业的集聚可以使核心企业更容易寻求到相关原材料、零部件及配套服务，从而降低了核心企业的搜寻成本；②关联企业的集聚增加了同行业企业之间的竞争，各企业为获得竞争优势势必想方设法提供更多"物美价廉"的原材料、零部件及配套服务，从而可以降低核心企业的生产投入成本；③核心企业集聚也会增加彼此之间的竞争程度，这就促使核心企业对加强内部管理，有效降低产品在价值链增值环节上的包装、流通、库存、销售、各部门之间协调配合等方面的成本。在上述情况中，处于边缘地位的民族企业为了寻求与跨国公司合作，往往竞争销价，只能赚取可怜的一点点微薄利润，更多的利润拱手让给了跨国公司，自己则在生存边缘上挣扎，稍有经济波动就会出现生存压力，比如目前紧缩的货币政策下，国内许多依靠跨国公司生存的中小型企业面临着生存困难。

RHQ 集聚之后，雇员的高工资高消费，虽然可以通过来自 RHQ 消费及其员工消费而产生消费带动效应，但是 RHQ 雇员属于精英阶层，既有足够的支付能力，也有足够新的消费理念。他们热衷于需求弹性较大的非生活必需品，热衷于奢侈品或者新奢侈品消费，宁肯花几百元去喝一杯咖啡，甚至花掉"买几十头牛的钱去买一个用不了半张牛皮就能做好的包包"；他们追求时尚消费，比如 SPA；他们敢于尝试新产品，宁肯让厂商"揩干净最后一毛钱"，等等。这些消费理念都会从一定程度上影响国内年轻民众的消费价值观，长此以往，国内年轻人将会出现更大范围的拜金群体。

2. 链式效应将加大不同规模城市间的资源差异

空间价值链包括企业空间价值链和产业空间价值链。其中企业空间价值链是由企业价值链形成的，包括 RHQ 和生产基地；产业空间价值链是由产业价值链形成的，即 RHQ 的聚集形成了相关产业的高端决策、综合管理、生产环节、原材料供应及物流环节的空间分离。

但不管哪种类型的空间价值链形成的链式效应都有可能加大不同规模城市间的资源差异，加剧地区发展不平衡。

从企业空间价值链来看，RHQ 是跨国公司内部的融资中心、结算中心、研发中心、营运中心、公关中心等；生产基地主要承担生产任务。为不断加速发展，企业将承受不断增长的压力，所以企业发展的关键是企业要素如何一体化其内部资源以及不同规模城市之间的各种资源。最好的解决方式是实现 RHQ 和生产基地的分离。一般情况下，RHQ 会选址在大都市，生产基地则落户于该大都市周边的欠发达地区，这就实现了企业不同部门的合理空间布局。最终形成以 RHQ 为核心，以企业价值链为纽带，辐射周边与相关区域生产基地的企业空间价值链，即 RHQ 与生产基地之间的价值链体系。事实上，企业价值链是通过 RHQ 对其所在地周边地区的各类分支机构的资金、生产、贸易、人才和信息的集中运用与协调管理而形成的。RHQ 通过在不同区域之间实现资源最佳分配影响区域经济发展，其特点如下：①企业功能出现分离，即 RHQ 和生产基地出现分离，分别选址在大都市及其周边欠发达地区；②RHQ 协调所有各种资源以获得最优配置；③相同行业的生产部门将出现聚集；④相同行业的 RHQ 将出现聚集；⑤企业与企业、企业与政府之间的联系会增多。上述分工合作将进一步吸引 RHQ 集聚于核心城市，生产基地集聚于周边欠发达地区，虽然这种态势在一定程度上可以促进欠发达地区的经济发展，但是从长期来看，优质资源会进一步流向核心城市而不是欠发达地区，这种情形的继续很有可能使得欠发达地区仅仅沦落为核心城市的附属，进一步加大与核心城市之间的资源差异以及区域发展的不平衡，不利于周边欠发达地区的产业结构升级。

从产业空间价值链来看，RHQ 聚集形成了相关产业的高端决策、综合管理、生产环节、原材料供应及物流环节的空间分离。产业空间价值链的形成是以产业价值链为纽带，以 RHQ 所在核心区及周边产业基地分工协作为基础的。产业空间价值链，即 RHQ 所在核心区与产业基地之间的价值链体系。产业价值链是核心企业与关联企业围绕主导产业，通过前向关联、后向关联以及旁侧关联所形成的分工协作，形成相关的产业价值链；涉及不同产业领域的企业总部与其生产企业以及其他关联企业的相互整合，形成各具特色的产业价值链，如汽车产业链等（张永庆，2006）。这种方式是 RHQ 促进区域经济发展以及区域一体化的最终形式。但是它也存在弊端：①价值链运转过程是一个高度自律性的系统，它能够有效解决价值链中各个环节企业生产什么、生产多少；如何生产；为谁生产这三大基本问题。这三大基本问题正好是价格机制要解决的问题，因此说价值链有利于价格机制的形成。但是这种依赖于 RHQ 集聚核心区及其产业基地之间形成的价格机制是跨国公司控制的垄断价格机制，不是真正意义上的市场价格机制；②过高的专业化生产迫使各 RHQ 之间以及生产企业之间密切协作，否则影响整个价值链的正常运转。集聚区内分处价值链不同环节的企业，发挥各自不同的比较优势，承担不同的专业化分工，但是生产力的发展使得社会分工越来越细化，导致每个企业都不能满足客户的多样化需求，只能寻求与其他企业之间的协作，集聚区内价值链则为企业在分工的基础上实现协作提供了便利条件。但是随着专业化分工越来越细化，价值链会越来越长，企业之间的依赖性也会越来越强，就越需要企业之间的协作，进而促进了集聚区价值链的进一步发展与完善。否则整个价值链就会崩溃。因此我国目前不仅仅吸引 RHQ 集聚，而且还应该注重培养 RHQ 的根植性，否则一旦出现外迁现象，那么价值链很有可能断裂，对于我国产业发展将造成局部性的严重冲击，给我国经济发展带来灾难；③价值链的形成可以进一步促进大城市发挥其丰富的资源优势，凝聚大量的人流、资金流和信息流，成为区域经济发展的重要增长极，但是经济发展可能会给核心城市带来现代城市病，比如水资源的匮乏、空气质量的下降、交通压力的增大、生活成本上升等，这些也会威胁到核心城市的进一步发展。

## 10.4   本章小结

RHQ 集聚需要有产业集群为基础。在马库森提出的四类产业集群中，轮轴型产业集群和卫星平台型产业集群最有可能产生 RHQ 集聚现象，而马歇尔产业集群不具备 RHQ 集聚的产业集群基础，国家力量依赖型产业区对 RHQ 集聚的吸引力很小。

RHQ 集聚对我国经济安全产生影响可以用产业集聚理论和价值链理论来解释。马歇尔是第一位开始关注产业集聚现象的学者，并提出了内部规模经济和外部规模经济。继马歇尔之后，产业集聚理论有了较大发展，韦伯、胡佛、熊彼特、克鲁格曼、波特等都做出了很大贡献。RHQ 集聚可以产生集聚正效应，也可以产生集聚负效应。当RHQ 集聚超过集聚最优规模时，集聚正效应向集聚负效应转化：①RHQ 集聚属于特殊群体的集聚，形成外部规模经济时，因其具有的特殊性将会给区域经济发展带来某种程度的危害。这主要体现在 RHQ 集聚的乘数效应使得我国区域经济发展过度依赖 RHQ 和外国资本，一旦 RHQ 不能充分发挥其作用，跨国公司会考虑撤销 RHQ，以致于影响我国经济发展；②RHQ 吸引国内众多优秀人才，民族企业人才流失；这种单向流失还会影响技术外溢。

价值链基本理论最初由美国哈佛大学教授迈克尔·波特提出。价值链理论自波特提出后，迅速得到了广泛应用与发展，相继出现了虚拟价值链理论、价值网理论和全球价值链理论。RHQ 集聚产生的价值链可以产生集聚效应和链式效应。其中 RHQ 集聚不利于维护我国产业安全；RHQ 将利于降低跨国公司等垄断型核心企业的成本，但是却不利于处于边缘地位的民族企业生存；RHQ 雇员的高工资高消费的理念会从一定程度上影响国内年轻民众的消费价值观，长此以往，国内年轻人将会出现更大范围的拜金群体。RHQ 集聚的链式效应包括企业价值链和空间价值链，其中企业价值链将进一步吸引 RHQ 集聚于核心城市，生产基地集聚于周边欠发达地区，长此以往，优质资源会进一步流向核心城市而不是欠发达地区，将进一步加大与核心城市之间的资源差异，不利于周边欠发达地区的产业结构升级。从产业空间价值链来看，价值链影响核心区及其产业基地之间形成真正意义上的价格机制；过高的专业化生产迫使各 RHQ 之间以及生产企业之间密切协作，否则影响整个价值链的正常运转；价值链的形成可以进一步凝聚大量的人流、资本流和信息流，成为区域经济发展的重要增长极，但是经济发展可能会给核心城市带来现代城市病，威胁核心城市的进一步发展。

# 第11章

## RHQ 集聚影响我国经济安全的路径

RHQ 集聚对我国经济安全影响的路径是一个复杂系统。RHQ 作为影响我国经济安全的外生因素，集聚之后对我国经济安全产生的影响涉及威胁国家经济发展、国计民生和整体经济利益的各个领域。外生因素对我国经济安全产生影响的前提条件是国内具有完成承接、传导与扩散过程的内生风险因素，这一过程因分类标准不同，会形成影响我国经济安全的不同路径。

## 11.1 基于我国经济安全各个领域重要程度的影响路径

国家经济安全理论认为，国家经济安全主要包括战略资源安全、本土关键产业安全、金融和财政安全等关键领域以及人口、就业与经济增长，生态环境，基于经济安全的信息安全和科技发展，国际经济关系和重大冲突问题等重要相关领域（雷家骕，2000）。它强调了我国经济安全各个领域的重要程度不同，导致形成影响时我们关注的重点不同，因此我们可以将总体路径剥离出核心路径和边缘路径。

## 11.1.1　总体路径

当 RHQ 集聚后，它不仅会加剧我国市场垄断程度，也会造成过度开放国内市场，因此极有可能对我国经济安全产生影响，影响的总体路径是：①对我国三大关键领域，即战略资源、关键产业以及金融和财政等的安全产生影响；②对包括人口、就业与经济增长，生态环境，基于经济安全的信息安全和科技发展，国际经济关系和重大冲突问题等在内的重要相关领域产生影响；③三大关键领域和其他重要相关领域之间相互产生影响（如图 11-1 所示）。

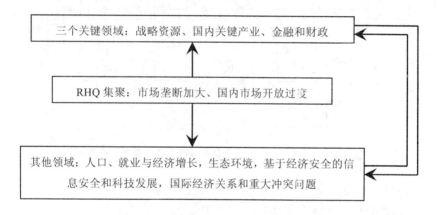

**图 11-1　基于国家经济安全各个领域重要程度的总体路径**

上述各个领域同时处于一个复杂的经济运行系统之中，从系统科学的角度来看，一方面是客观世界本身存在着不确定性，即使是确定性的系统也有内在的随机性，不确定性本身是客观存在的，即"客观风险"；另一方面，认识客观世界需要全面认识，但是由于事物本身及外部条件的复杂多变，使得人们难以完全认识并把握事物的各个方面，即"主观风险"（成思危，2003）。基于两种风险并存，这就决定了风险的复杂性以及影响过程的复杂性。

## 11.1.2 核心路径

RHQ 集聚风险对我国经济安全影响的核心路径是通过影响国内市场结构、国际收支以及国内关键行业开放程度等完成（如图 11-2 所示）。具体分析如下：

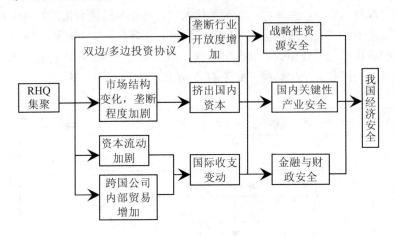

图 11-2 基于国家经济安全各个领域重要程度的核心路径

首先，近年来我国在全球的战略地位不断上升，一方面吸引了许多跨国公司来我国设立 RHQ，逐步形成 RHQ 集聚于北京和上海的态势；另一方面也促使许多发达经济体以及发展中经济体积极与我国签订双边或者多边投资协议。二者的合力直接推动了我国的对外开放程度以及开放领域不断增加，包括能源、通信、新闻、重要交通以及重要资源等诸多国内垄断性行业，如果过度开放势必影响各垄断行业的安全，其中战略性资源安全以及国内关键性行业安全对于我国经济安全显得尤为重要。

其次，RHQ 集聚毫无疑问会改变我国市场结构，加剧外国资本对我国国内市场的垄断程度。随着垄断程度不断加剧，国内资本极有可能被挤出，使得本来就很脆弱的国内资本失去市场，甚至将国内关键

154

性产业拱手让与外国资本，从而影响我国经济安全。外国资本挤出国内资本的途径主要有两个：其一国内企业无力与跨国公司竞争，只好部分撤出跨国公司进驻的投资领域，比如洋快餐对国内快餐业的挤占；其二跨国公司依据其信誉可以得到跨国银行的优惠贷款或者通过内部筹措获得投资资金，而国内企业没有跨国公司的资金实力，通常感觉资金紧张或者短缺，自然无法进行投资生产或者扩大生产规模，而且投资成本要高于跨国公司，产品销售受到影响，久而久之，在跨国公司的挤占下国内企业自然败下阵来。而 RHQ 的集聚则加快了挤出速度。

最后，RHQ 本身的功能之一是协调区域内的各种资源，当然也包括资本资源，当 RHQ 集聚时，各个 RHQ 都在发挥其协调功能，资本流动性自然加剧，引起国际收支资本项目的不断变化，从而影响金融与财政安全；另外，RHQ 在统筹区域内各分支机构之间的原材料、中间产品以及最终产品时，增加了跨国内部贸易量，使得国际收支经常项目的不断变化，从而影响金融与财政安全。金融与财政安全是最重要部分，因为金融是现代经济的核心，金融利益的竞争是国家博弈的核心，所以对当前我国经济安全影响最大的就是金融问题。尤其是在当前经济全球化进程中，大量的经济形态已经金融化，不仅包括资产，也包括负债。而且原来金融只为富人服务，为投资服务，现在也开始为穷人服务，为消费服务，可以说金融已经渗入了经济的方方面面。但是我国目前金融领域的开放程度是不对等、不均衡的。之所以出现这样的怪象，是因为我国出现了金融利益集团，他们的价值观和利益与整个国家、大众的利益日趋背离，但是却与美国华尔街逐渐一致。出于利益的驱使，这个集团努力去影响国家相关金融政策，结果导致了我国金融的不均衡。而这个集团的形成，源于国内利益的冲突以及境外利益集团对我国事务的介入（江涌，2011）。

### 11.1.3　边缘路径

RHQ 集聚风险对我国经济安全形成影响的边缘路径包括：人口、就业与经济增长，生态环境，基于经济安全的信息安全和科技发展，国际经济关系和重大冲突问题等（如图11-3所示）。具体分析如下：

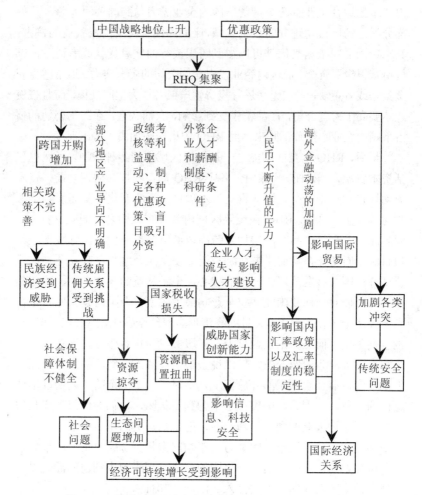

图 11-3　基于国家经济安全各个领域重要程度的边缘路径

首先，随着我国在全球战略地位的不断上升，以及国内各级政府不断制定各类优惠政策，吸引 RHQ 集聚我国，进而为跨国公司并购我国企业提供了便利，比如谈判便利、融资便利、公关便利等，非常有利于跨国并购的发生。但是从短期来讲：①跨国并购只是将现有资产的所有权转移至外国投资者手中，其提供的金融资源不会增加生产资本，这是与新建投资最大不同之处。因此，一定数量的跨国并购相对于相同数量的新建投资所带来的生产投资更小，或者根本不会带来生产投资（对于濒临破产企业的并购除外），因此也就不可能带来新的就业；②跨国并购发生之后的一段时间内，不会产生新的就业，因为跨国公司在进行并购时通常不会很快投入生产性资源，新增生产能力不会马上形成；另外，跨国并购还可能因为管理层接管、企业经营战略方向的调整而导致被兼并企业原有员工失业。在投机性兼并的情况下，表现更为明显（张纪康，2004）；③目前在我国，大多数跨国并购都是友好型收购，而不是合并，这就决定了我国企业与跨国公司之间处于一种不平等地位；跨国公司对我国企业收购不久，大多数实施的是消灭品牌战略，使得我国国内原有名牌几乎无一幸免，比如活力 28 等；企业被兼并之后，已经习惯劳动密集型生产的大多数工人不能完全满足跨国公司需求，下岗人数增多；再加上我国相关政策还很不完善，那么在 RHQ 集聚前提下，加剧的跨国并购势必会制约我国民族企业的发展，如果不能妥善处理，势必加重我国社会问题。

其次，作为发展中经济体，我国也同样面临着资金短缺的问题，因此需要引进外资。但是鉴于各级政府主管部门在政绩考核等利益驱动下，往往会有两种情况发生：①不顾区域经济协调发展，各省市都在拼命发展"总部经济"，似乎只有总部经济才能表明政府主管部门的政绩，殊不知，每个省市都有自己的产业特点、资源特点，在产业发展不明晰的情况下，盲目发展总部经济，只能是自伤其身，造成我国产业发展趋同，影响我国可持续发展，跨国公司成为最终获益者；②盲目为吸引 RHQ 提供各种优惠甚至超优惠政策，其中税收减免是各级政府主管部门常用的优惠政策之一，认为税收减免是提高我国投资环境的最方便易行最见成效的手段之一。但是税收减免政策不仅导致我国税基减少，与此同时外资更多趋向于税收更加优惠的省市，而忽视商业因素。其结果是本应该属于我国的税收收入流向跨国公司；另外，外资追随低税率导致生产扭曲，资源浪费，影响我国的可持续发展。

再次，当 RHQ 集聚时，对我国民族企业人才造成大量流失，影响着我国人才建设：①通过扩大开发性培养高级专门人才的途径，进行更广泛的掠夺，威胁我国国内高级专门人才的储备基础。近年来，频频出现跨国公司出资的企业大学①，或者跨国公司和国内高校联合办学的新型教育体系。而这一切都往往是由虚拟型 RHQ 来完成的。美国宝洁公司就是其中一个很好的例证。类似宝洁公司做法在世界500 强企业中占 80%以上（牛思远等，2010）。诚然，跨国公司上述吸引和储备人才的方式有助于其公司本身的发展，RHQ 因为其本身对当地环境更为熟悉，更是对这种做法起到了一种推波助澜的作用，但是它们的这种做法却是严重破坏了我国国内企业吸引和储备人才的基础，长此以往将加重我国国内企业在高级专门人才方面的短缺；②RHQ 的介入可以有效保护并保持跨国公司的垄断优势，其中 RHQ 通过猎头国内企业高级管理人才保护垄断优势，通过猎头高级专门技术人才保持垄断优势。但是与此相对，RHQ 越能较高程度地保护其垄断优势，作为东道国的我国能获得的技术外溢程度就越小；RHQ 从国内企业猎头的高级专门技术人才越多，我国要承受的高级专门技术人才安全威胁则越大。RHQ 集聚之后，这种威胁的涉及面会更大，一旦达到某个"临界值"，那么肯定会危害我国国内企业的高级专门人才安全，后果不堪设想。另外，跨国公司在猎头国内企业高级专门人才的同时，却通过相关措施有效抑制了高级专门人才外流，封堵了国内企业吸引"回流"高级专门人才的可能性。比如宝洁公司是至今已经 173年历史的老牌跨国公司，每年都能获得无数年轻大学生的青睐，但是其人才流失率一直维持在不到行业平均水平的一半（牛思远等，2010）；③一般情况下，许多跨国公司都采取员工培训终身制的教育模式，该模式同时兼顾全球化战略和当地化反应战略，因此由 RHQ 充当教育培训主角再合适不过，比如宝洁公司。尽管终身教育模式需要投入大量的人力、物力和财力，却依然是许多跨国公司乐此不疲的追求。但

---

① 企业大学又称公司大学，是指由企业出资，以企业高管、教授及专业培训师为师资，通过实战模拟、案例研讨、互动教学等手段，以培养企业内部中、高级管理人才和企业供销合作者为目的的一种新型教育体系。

158

是其高成本却不是所有企业都能够承受的，特别是对于我国国内大多数尚处于创业阶段的年轻企业来讲更是不太现实，这就可能导致国内企业一些原本属于高级专门人才的员工被挤出高级专门人才行列，一些有潜力的员工成为高级专门人才的希望变得渺茫。这些政策差异，会导致跨国公司和国内企业在高级专门人才的数量、结构等方面的差异，进而导致科技创新能力的差异，最终导致国际竞争力的差异。这些差异越大对我国国内企业高级专门人才安全的威胁越大（任永菊，2010），最终威胁着我国国家创新能力的提升以及信息、技术等方面的安全。

最后，RHQ 集聚，引起国际资本流动加剧，国际贸易频繁，不仅会加剧国际收支变动，而且还可能因为我国监管不利发生大量外资漏出，由此可能引发人民币进一步升值的压力以及不断的贸易摩擦，再加上近日国际上出现的金融动荡，如果处理不当有可能会影响我国与其他国家的正常关系，甚至造成重大冲突以及传统安全问题。

## 11.2　基于我国经济安全诱发原因的影响路径

依据诱发原因，国家经济安全的各个领域可以被归为三大类：①积极参与国际经济竞争带来的，如信息安全、金融风险、贸易问题、引进外资与保护民族工业问题等；②可持续发展中存在的问题，如石油供应、重要矿产资源保障、粮食供应、淡水资源保障等；③体制层面上存在的问题，如经济体制转轨时期的就业保障、中央财政调控能力等（百度百科，2011）。当 RHQ 集聚时，会形成不同的以我国经济安全各个领域重要程度为基础的影响路径。

### 11.2.1　总体路径

RHQ 作为全球化的产物，集聚之后如果不加以有效管理将会形成更加不合理的国际分工、不合理的国际贸易关系以及不公正的国际金融关系，其影响路径是：①影响参与国际经济竞争的各个领域，它属于国际经济安全，指的是一国经济发展所依赖的国外资源和市场的稳定和持续，避免供给中断或价格剧烈波动而产生的突然冲击，以及散布于世界各地的市场和投资等商业利益受到威胁；②影响可持续发展涉及的诸多领域，它既属于国内经济安全，也属于国际经济安全；③体制层面的诸多领域，它属于国内经济安全，指的是一国经济处于稳定、均衡和持续发展的正常状态；④前三者的各个领域之间相互影响，即国内经济安全和国际经济安全并不是割裂开的，彼此之间相互影响、相互作用（如图11-4所示）。

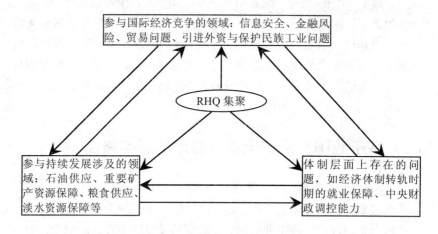

图11-4　基于我国经济安全诱因的总体路径

## 11.2.2　核心路径

RHQ集聚风险对我国经济安全影响的核心路径涉及两大领域：①参与国际经济竞争的各个领域，即信息安全、金融风险、贸易问题以及引进外资与保护民族工业问题；②参与持续发展涉及的领域，即石油供应、重要矿产资源保障、粮食供应以及淡水资源保障等（如图11-5所示）。具体分析如下：

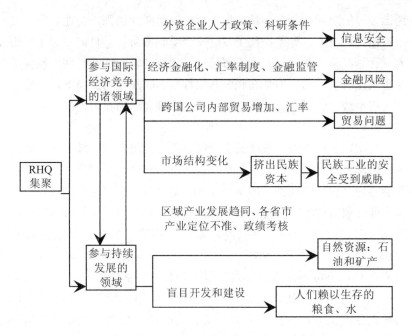

**图 11-5 基于我国经济安全诱因的核心路径**

首先，当 RHQ 集聚时，我国参与国际经济竞争活动更为频繁，其影响是：①具有统筹功能的 RHQ，会利用其资本丰厚的优势，以优于国内民族企业的人才政策吸引优秀人才为其效力，同时外资企业本身优越的科研条件也会吸引一部分国内企业的优秀人才跳槽，结果是国内人才流失严重，直接影响国内企业的技术安全以及信息安全；②加深了经济金融化程度，推动所属分支机构进入我国资本市场，并参与资本运作，为跨国公司本身谋取利益。但是由于我国金融监管制度不完善，使得我国的金融风险加剧；另外资本流动加剧，汇率制度存在的缺陷，也将影响我国金融安全；③为达到跨国公司总体利润最大化或者抢占其他东道国市场，RHQ 通过协调区域内各分支机构之间的内部贸易进行转移价格，以减少税赋或者增加市场占有率；或者当汇率发生变化时，延缓交付或者提前支付内部贸易的货款，以增加整个跨国公司的赢利；④市场结构发生变化，垄断性加强，会在一定程度上挤出民族资本，导致民族工业的安全受到威胁；⑤目前我国正经历着从计划经济体制向社会主义市场经济体制转轨的特殊时期，制度不完善是在所难免的。但是在我国开放程度不断加深的前提下，制度不完善将承载、传导和扩散国外经济风险，进而增加我国经济不安全的可能性。

其次，各级政府为政绩而盲目制定各种优惠政策，最大程度地让步于跨国公司，认为吸引到了 RHQ，就能够为其省市的发展带来契机，就会实现产业结构调整。但是当 RHQ 集聚时，有可能会出现：①如果产业发展定位不准，与区域内其他省市之间不能很好地协调发展，就很有可能造成一种混乱状况，甚至有些跨国公司分支机构打着 RHQ 的幌子，投资于一些不可再生性资源，比如石油、矿产等，以牟取暴利，不可再生资源的过度开发直接影响我国经济的可持续发展；②盲目开发和建设，让我国失去很多良田，使得人们赖以生存的粮食生产受到威胁；许多高污染、高能耗、高排放行业的跨国公司投资于我国，破坏了我国的水资源以及生态环境，最终严重影响我国的可持续发展。

最后，RHQ 集聚时，上述各个领域之间是相互影响的，这种影响会加剧我国经济的不安全性。比如跨国公司在我国开发矿产之后，可以通过内部贸易将开发出来的矿产出口到其他国家，在整个出口过程中，由于人民币升值压力的存在，可以通过 RHQ 出面协调，延后收取货款，以减少因汇率变动带来的损失；反之，则提前收取货款。这种矿产资源的开发使得跨国公司内部贸易增加，会引起国际收支变动，进而影响我国经济安全。

### 11.2.3　边缘路径

RHQ 集聚风险对我国经济安全影响的边缘路径主要涉及我国体制层面上存在的问题，如经济体制转轨时期的就业保障、中央财政调控能力（如图 11-6 所示）。具体分析如下：

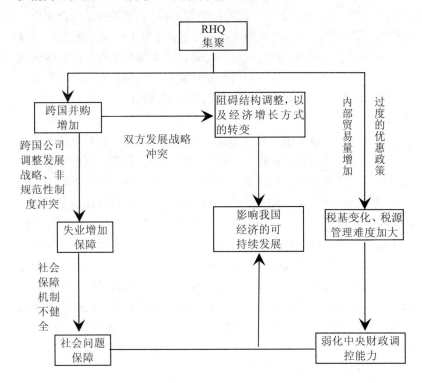

图 11-6　基于我国经济安全诱因的边缘路径

其一，RHQ 集聚之后，对我国企业的并购可能增加，并引发两种情况：①那些已经在我国建立 RHQ 的跨国公司有足够的能力去熟悉国内市场，但是一系列的冲突却不能顺利解决，特别是发展战略冲突和非规范性制度冲突。RHQ 的功能之一就是确定所辖区域内各分支机构的发展战略，因此 RHQ 会在一定时间内对区域内各分支机构的生产、营销以及研发计划等做出相应调整；非规范性制度冲突是一种历史积淀与文化演进的结果，它并不是完全按照理性原则来发展的，它更多地受到政治的、军事的、社会的、历史的和意识形态的约束，它的变化速度非常慢，因此很可能形成更大的冲突。冲突不断会推动跨

163

国公司停止对被并购企业的经营，于是关闭或者转产被并购企业则是必然的选择，失业增加。再加上我国社会保障机制不健全，会形成社会问题，最终影响我国经济的可持续发展；②RHQ 会依据跨国公司母公司的战略意图确定新的区域发展战略，其发展战略有可能与我国当下进行的经济增长方式转变以及经济结构调整的经济发展战略相悖，那么 RHQ 的发展战略就会打破我国的发展战略，其结果肯定会阻碍我国经济的可持续发展。

其二，各级政府出于政绩考核，在没有深入调研各种资源条件以及没有明确产业定位的前提下，盲目吸引 RHQ 以期达到更多吸引外资的目的，或者有些政府领导担心自己落后于其他兄弟省市影响自己的仕途，出现为了吸引 RHQ 而吸引 RHQ 的现象，看到其他省市吸引RHQ 也跟着吸引 RHQ，颇有些"人云亦云"的感觉。这种盲目性往往不能促进本地区以及我国经济发展，甚至还会影响我国经济发展，主要表现为：①最为显著的当属盲目为吸引 RHQ 提供税收减免等优惠政策或者超优惠政策，税收减免政策不仅会导致我国税基减少，还会形成各省市之间的恶性竞争，使得本应该属于我国的税收收入流向跨国公司，跨国公司成为最终受益者，大大弱化了我国财政调控力度。而跨国公司追随低税率导致生产扭曲，资源浪费，影响我国的可持续发展；②RHQ 集聚会增加跨国公司的内部贸易量，在进行内部贸易过程中，因为汇率变动以及各国税率的变化，跨国公司会实施转移定价策略，以减少税收成本增加跨国公司总体利益。其结果不仅可能造成我国税收收入的下降，而且还会影响我国海关统计以及税务部门的管理。

## 11.3　本章小结

RHQ 集聚对我国经济安全的影响路径是一个复杂系统，本章从两个方面讨论了相关影响路径：其一依据相关国家经济安全理论强调我国经济安全各个领域的重要程度不同，致使我们关注的重点不同，我们构建总体路径，并在其中剥离出核心路径和边缘路径。总体路径包括：①对我国三大关键领域，即战略资源、关键产业以及金融和财政等的安全产生影响；②对包括人口、就业与经济增长，生态环境，基于经济安全的信息安全和科技发展，国际经济关系和重大冲突问题等在内的重要相关领域产生影响；③三大关键领域和其他重要相关领域之间相互产生影响。之后，我们在总体路径中剥离出核心路径和边缘路径，其中核心路径是通过影响国内市场结构、国际收支以及国内关键行业开放程度等完成。边缘路径包括：人口、就业与经济增长，生态环境，基于经济安全的信息安全和科技发展，国际经济关系和重大冲突问题等。

　　其二依据诱发原因，国家经济安全的各个领域可以被归为积极参与国际经济竞争带来的问题、可持续发展中存在的问题以及体制层面上存在的问题。当 RHQ 集聚时，上述各个领域会形成不同的以我国经济安全各个领域重要程度为基础的影响路径。总体路径：①影响参与国际经济竞争的各个领域，它属于国际经济安全，指的是一国经济发展所依赖的国外资源和市场的稳定与持续，避免供给中断或价格剧烈波动而产生的突然冲击，以及散布于世界各地的市场和投资等商业利益受到威胁；②影响可持续发展涉及的诸多领域，它既属于国内经济安全，也属于国际经济安全；③体制层面的诸多领域，它属于国内经济安全，指的是一国经济处于稳定、均衡和持续发展的正常状态；④前三者的各个领域之间相互影响，即国内经济安全和国际经济安全并不是割裂开的，彼此之间相互影响、相互作用。核心路径涉及两大领域：①参与国际经济竞争的各个领域，即信息安全、金融风险、贸易问题以及引进外资与保护民族工业问题；②参与持续发展涉及的领域，即石油供应、重要矿产资源保障、粮食供应以及淡水资源保障等。边缘路径主要涉及我国体制层面上存在的问题，如经济体制转轨时期的就业保障、中央财政调控能力。

# 第 12 章

## RHQ 集聚影响我国经济安全具体体现

RHQ 集聚我国，如果监管不利，会对我国经济安全产生影响，既在宏观层面影响中央宏观调控与治理能力，也在微观层面影响我国经济主权、市场结构、自然生态环境、民族资本甚至社会安定等一系列诸多领域。了解 RHQ 集聚对我国经济安全的具体体现，将有利于相关部门采取相应措施以有效维护我国经济的安全运行。

## 12.1 宏观层面的具体体现

宏观经济政策的四大目标：充分就业、稳定物价、经济持续均衡增长和国际收支平衡。宏观经济政策就是为了达到这些目标而制定的手段和措施。但是 RHQ 集聚会在一定程度上造成宏观经济政策的失效运行，影响我国经济安全，其具体体现在对中央政府宏观调控与治理能力的弱化，集中体现在货币政策和财政政策独立有效的运行。对此，本书将从 RHQ 集聚对货币政策和财政政策具体政策效果影响的角度展开相关研究。

## 12.1.1　货币政策方面

　　货币政策的实施也是为了更好地实现宏观经济目标，但是各目标之间保持着一种比较复杂的关系，除充分就业与经济增长是一种正相关关系之外，各个目标相互之间都存在矛盾，其中最大的矛盾表现在充分就业和稳定物价之间。当 RHQ 集聚之后，很可能恶化各个目标之间的矛盾，影响货币政策的独立运行，主要表现在：①加剧充分就业和稳定物价之间的矛盾；②加剧促进经济增长与抑制通货膨胀之间的矛盾。

　　1. 加剧充分就业和稳定物价之间的矛盾

　　充分就业与稳定物价之间的关系被澳大利亚籍英国经济学家菲利普斯概括为一条曲线，被人称之为"菲利普斯曲线"。在菲利普斯曲线中，当没有出现 RHQ 集聚时，如 A 线所示，当失业率控制在 4%水平时，就必然要增加货币供应量以刺激社会总需求的增加，而总需求的增加则会引起物价水平的上涨，比如可能引致物价上涨至 9%的水平；如果要降低物价水平上涨率，比如要降至 3%，那就要求减少货币供应量以抵制社会总需求的增加，而总需求的减少必将使失业率提高，比如可能使失业率达到 10%。当出现 RHQ 集聚时，跨国并购增加，我国相关法律不健全，会加剧失业率上升。在菲利普斯曲线中，表示充分就业与稳定物价之间的关系的曲线斜率更为陡峭，如果保持相同的物价水平，在 RHQ 集聚时的失业率会更高一些。比如失业率需要达到 7%水平才能维持物价 9%的水平，即比没有出现 RHQ 集聚时的失业率要高出 3%，才能维持相同的物价水平 9%，否则必然要进一步增加货币供给量，物价会进一步上涨。当失业率达到 12%的水平时，才能维持物价 3%的水平，即比没有出现 RHQ 集聚时的失业率要高出 2%，才能维持相同的物价水平 3%。RHQ 集聚的出现加剧了充分就业和稳定物价之间的矛盾，影响了货币政策的独立运行（如图 12-1 所示）。

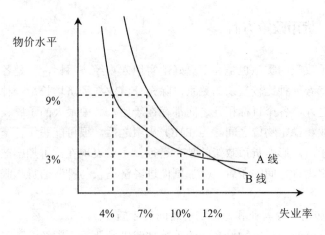

图 12-1　RHQ 集聚时的菲利普斯曲线

2. 加剧促进经济增长与抑制通货膨胀之间的矛盾

通货膨胀有害于经济增长，各国都希望在经济增长过程中能够抑制通货膨胀的出现，甚至有学者认为降低通货膨胀最有效的方法是人为地制造一次经济衰退，比如弗里德曼曾说："我还没有看到任何例子，能够表明不需要通过一个增长缓慢和失业的过程而医治了相当大程度的通货膨胀。"[1]事实上，这就出现了促进经济增长与抑制通货膨胀之间的矛盾。RHQ 集聚会加剧这种矛盾。

RHQ 集聚以后，会对我国相关产业的市场结构产生影响，从非垄断型市场结构转向垄断型市场结构，或者是从弱垄断型市场结构转向更进一步的垄断型市场结构。垄断型市场结构的加剧会促使跨国公司利用其垄断势力谋取过高利润，从而导致一般价格水平上涨，甚至操纵价格，把产品价格定价过高，致使价格上涨速度超过成本增长的速度，最后引起利润推动型通货膨胀。RHQ 集聚是从供给角度引致通货膨胀的，它属于成本推进型通货膨胀。而中央政府的货币政策的作用主要表现于反对需求拉上型通货膨胀，对于成本推进型通货膨胀的作用效果很小。因此说，中央政府通过货币政策抑制由 RHQ 集聚引致

---

① 高鸿业. 西方经济学（下册）. 北京：中国经济出版社，1996：758.

的利润型通货膨胀在一定程度上是失效的,这就形成促进我国经济增长与抑制通货膨胀之间的冲突。

上述过程可以用示意图进一步说明。假设总需求曲线不变的情况下,只有供给变动,而且供给变动是由 RHQ 集聚后形成市场垄断引起的。当没有垄断时,总供给曲线为 $AS_1$,总供给曲线和总需求曲线 AD 相交于 $E_1$,决定总产量为 $y_1$,价格水平为 $P_1$。当垄断出现时,总供给曲线由于成本提高而移到 $AS_2$,总供给曲线与总需求曲线的交点为 $E_2$,决定的总产量为 $y_2$,价格水平为 $P_2$。此时,总产量比之前下降,价格水平较之前上涨。当总供给曲线由于成本进一步提高而移到 $AS_3$ 时,总供给曲线和总需求曲线相交于 $E_3$,决定总产量为 $y_3$,价格水平为 $P_3$。此时,总产量进一步下降,价格水平进一步上涨(如图 12-2 所示)。

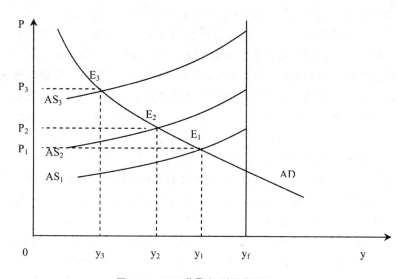

图 12-2　RHQ 集聚加剧通货膨胀

资料来源:高鸿业.西方经济学(下册)[M].北京:中国经济出版社,1996:751.

## 12.1.2 财政政策方面

　　财政政策和货币政策一样，也是为了更好地实现宏观经济目标。为此，政策主体往往利用一些政策工具以调整支出和收入。政策工具主要包括：税收、公债、公共支出、政策投资以及财政补贴等。RHQ集聚会在一定程度上影响其中税收、政府投资等财政政策工具的有效使用。

　　1. 税收收入减少的同时也破坏了税收公平性

　　RHQ作为具有地区总部性质或职能的企业，依据税法规定负有纳税义务。但是各省市相关政府部门为吸引RHQ提出了不同程度的优惠政策，特别是税收优惠政策，比如天津在《天津市促进企业总部和金融业发展优惠政策》（2006）中规定"对在本市新设立的金融企业，自开业年度起的三年内由同级财政部门减半返还营业税；自盈利年度起的三年内由同级财政部门全额返还企业所得税地方分享部分；对新购建的自用办公房产，免征契税，并免征房产税三年。"再比如广州东山区在《关于进一步加快总部经济发展的若干意见》中规定"在本区进行税务登记的新办总部企业，按其当年对区财政贡献额的20%给予一次性奖励，具体实施办法由区经贸局与区财政局制定。对驻我区总部企业的纳税大户给予奖励。在本区排名前50位的纳税大户，且对区财政贡献额超过上年15%以上，可按照该企业对区财政贡献增加部分的30%奖励企业。"这些优惠政策一方面使得我国税收收入在一定程度上减少，另一方面也破坏了税收公平性。

　　对于税收收入减少，我们可以借用美国供给学派代表人物阿瑟·拉弗设计的"拉弗曲线"来说明。在图12-3中，税收和税率的函数呈OAB曲线，A点为最佳税率，ABP表示的上半部分为课税"禁区"，我国政府不可能对RHQ课以禁区内的税率；APO表示的下半部分为课税范围，我国政府只可能在此范围内对RHQ征税。因为各省市对RHQ都实施税收优惠政策，那么税率肯定会低于A点。假设F点是没有税收优惠时的税率，D点是有税收优惠时的税率，那么存在优惠税率时，税收明显减少，即 ODC 小于 OFE，即减少了我国税收收入。

减少我国税收收入的同时破坏了税收公平性原则。公平合理是税收的基本原则和税制建设的目标。早在 18 世纪，古典经济学的创始人亚当·斯密在他著名的《国民财富的性质和原因的研究》一书中就将公平原则列为税收四原则之首。实践也说明，税收公平与否是检验税制和税收政策好坏的标准（陈共，1994）。由此可知，当 RHQ 集聚带来税收公平原则的破坏，也破坏了我国税制以及税收政策。

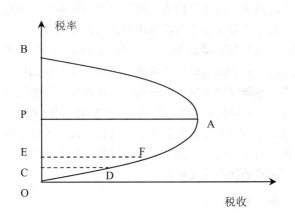

图 12-3　RHQ 集聚减少我国税收收入的示意图

资料来源：陈共.财政学（修订版）[M].成都：四川人民出版社，1994：231.

2. 出现经济偏向型增长

政府投资将财政用于资本项目的建设支出，最终将形成各种类型的固定资产。在市场经济条件下，政府投资的项目主要集中于那些自然垄断特征、外部效应大、产业关联度高、具有示范和诱导作用的基础性产业、公共设施以及新兴高科技主导产业。政府的投资能力与投资方向对经济结构的调整起着关键性作用。一般情况下，政府投资作为一种诱发性投资，可以刺激处于压抑状态的国民经济基础产业的非国有经济部门的生产潜力释放出来，并使国民收入的创造达到一个更高水平，即产生政府投资的乘数效应。如图 12-4 所示，政府通过增加基础性产业投资提高了基础性产业的产出量 X，使整个生产可能性边界曲线 XY 向外移至 X'Y'，使社会总体经济效益较以前提高。但是，当 RHQ 集聚时，可能从两个方面影响生产可能性边界曲线：①RHQ 在考虑跨国公司地区战略的同时，兼顾我国的开放程度及其资源，将资本投入到我国的非基础性产业，此时国内非基础性产业会在外国资本的带动下加速释放其潜能，非基础性产业产出量大幅增加；②RHQ 集聚前提下，投入到非基础性产业的外国资本增加，会带动其上下游关联产业投资的增加。这部分投资一部分来自于其他竞争性跨国公司的追随战略，另一部分来自于对我国国内政府投资的吸引，引起政府投资于基础性产业的资本量减少，产量下降。再如图 12-4 所示，在 RHQ 集聚前提下，增加非基础性产业的投资提高了非基础性产业的产出量 Y，减少了基础性产出量 X，使得生产出现偏向性增长，生产可能性边界曲线由 XY 向外移动至 X"Y"，其中 Y"在 Y 和 Y'的外侧，X"低于 X'高于 X，社会总体经济效益也会偏向性提高，不仅影响了我国财政政策的独立运行，而且长此下去，我国基础性产业的发展会出现"瓶颈"，阻碍非基础性产业发展。

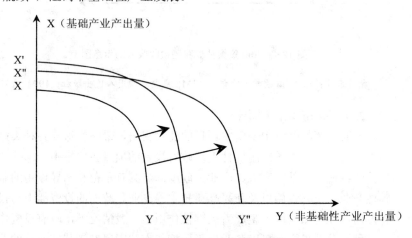

**图 12-4　RHQ 集聚对政府投资的影响**

## 12.2　微观层面的具体体现

RHQ 集聚不仅在宏观层面影响我国货币政策和财政政策的运行效果，还从经济主权独立性、生态环境、经济结构合理性、民族企业生存环境以及社会安定等微观层面影响我国经济安全。

### 12.2.1　经济主权独立性方面

依据《各国经济权利义务宪章》的规定，国家经济主权原则指国家在经济上享有独立自主的权利，每个国家对其全部财富、自然资源和经济活动享有充分的永久主权，包括拥有权、使用权和处置权在内，并自由行使此项权利。具体表现为：各国对境内一切自然资源享有永久主权；各国对境内的外国投资以及跨国公司的活动享有管理监督权；国家有权将外国财产收归国有或征用（田锦锋，2008）。在当今全球化经济条件下，国家经济主权需要在一定程度上让渡，但是并不能无限制的让渡。RHQ 集聚如果遇到无效管理，那么将加剧我国经济主权独立性的逐渐消失，主要体现于：加剧外国资本在我国实现垄断型市场结构，甚至影响我国相关法律法规的制定与执行等。

1. 形成关键性行业的过度垄断

RHQ 集聚将过度垄断我国关键性行业，比如信息行业。在信息行业，多数 RHQ 集聚于北京，在 2005 年，电子及通信设备类 RHQ 共计 15 家，占 RHQ 总数的 53.6%，占制造业 RHQ 的 55.6%（如表 12-1 所示）。截至 2009 年 5 月，在北京设立的具有 RHQ 性质的外商投资性公司共有 121 家，多数为世界 500 强企业。经商务部门认定的 RHQ 共计 41 家。落户北京的外商投资性公司主要集中在电子、通信、机械领域，主要来自日本、美国和欧盟（孙晓胜等，2009）。这么多的世界 500 强信息行业跨国公司 RHQ 齐聚我国，会加快我国信息行业的进一步整合，并购事件会时有发生，跨国公司控制下的产品也会越来越多地进入我国市场，而且还会向更深更广的范围渗透。这种情况的加剧

173

自然对我国信息行业形成垄断，而且随着 RHQ 集聚程度的加深，再加上相关管理部门的不予管理甚至积极鼓励，势必对我国信息行业造成威胁，我国的经济主权会不断地被蚕食。

表 12-1　按主要业务范围划分的 RHQ 数量及其比重（北京/上海）

| RHQ 的主要 | RHQ 的数目（家） | | RHQ 的比重（%） | |
|---|---|---|---|---|
| 业务范围 | 北京 | 上海 | 北京 | 上海 |
| 制造业 | 27 | 49 | 96.4 | 77.8 |
| 能源 | 0 | 1 | 0 | 1.6 |
| 交通运输（物流） | 0 | 2 | 0 | 3.2 |
| 批发、零售和综合服务业 | 0 | 7 | 0 | 11.1 |
| 房地产业 | 0 | 2 | 0 | 3.2 |
| 科学技术（R&D） | 1 | 1 | 3.6 | 1.6 |
| 其他 | 0 | 1 | 0 | 1.6 |

资料来源：任永菊.北京与上海：吸引跨国公司地区总部现状与潜力比较[J].国际经济合作，2005（4）：35-38.

与我国相关部门的态度相反，国外对于信息行业的并购行为却敏感至极。比如 2008 年初，备受关注的华为联合贝恩资本拟以 22 亿美元收购美国 3Com 的计划宣告失败。其原因是美国民主党议员乔恩以及其他立法人员从一开始就敦促美国财政部，要求对华为并购 3Com 交易进行"最严格"的审查。随后，美国国家情报局（ODNI）的调查报告明确指出：该协议构成了对美国国家安全的威胁。同时，美国国会外务委员会（HFAC）委员艾琳娜（Ileana Ros- Lehtinen）还出台了一项约束性决议，建议美国政府阻止贝恩资本和华为并购 3Com 交易，其重点在于 3Com 的子公司 Tripping Point 为五角大楼和其他政府部门生产网络安全设备（白洁，2008）。美国对于信息行业并购案的敏感程度应该警醒我们，国家经济安全需要落到实处，不应该片面追求有多少家 RHQ 进驻我国，也需要从经济安全角度认真考虑认真统筹，以确保我国经济安全。

2. 影响相关法律法规的制定与执行

公关行贿是跨国公司向东道国相关法律法规制定者与执行者寻求帮助的主要手段之一。在来华跨国公司中，公关行贿并不罕见。最著名的当属原国家商务部条约法律司巡视员郭京毅案。郭京毅于 1986年从北京大学法律系毕业后，进入对外经贸部（后并入商务部）条法司，任职期间，他几乎参与和主管了 20 年来全部外资法律法规的起草和修订，其中包括《关于外国投资者并购境内企业的规定》《关于外商投资性公司审批登记管理法律适用若干问题的执行意见》等重要投资法律。郭京毅在工作中，未能抵御跨国公司以金钱为前提的公关行为，把国家利益以及经济安全抛之脑后，利用从法律角度审核外资项目的职务之便为跨国公司提供帮助，从中大肆收受贿赂，以致于用以约束外资项目的法律法规形同虚设，有法不依甚至按照跨国公司需求而修订相关法律法规，最终构成"立法式腐败"。比如 2006 年 9 月至 2007年 5 月间，郭京毅接受请托，为浙江苏泊尔股份有限公司在外资并购项目审批及反垄断审查等事项提供帮助。2007 年 4 月及同年"五一"期间，郭京毅接受该公司分两次给予的人民币共计 30 万元（李丽，2010）。再比如，2004 年至 2007 年间，国美电器为图借壳海外上市，将高达 65%的股权转让给一家跨国公司，该股权比例大大超过了我国法规规定的外资占股上限。可是很快商务部的这一政策限制被新的法规取代，外资占股限制被放开。其中原因自然是郭京毅利用手中修改、解释商务法律的权力，按照国美电器的需求设计制度，并从中收受贿赂。除此之外，郭京毅还为包括新加坡莱佛士 2000 集团，上海百事可乐有限公司等在内的跨国公司提供众多帮助。

公关行贿严重影响了我国相关法律法规的制定与执行，当 RHQ集聚我国，如果管理不善则会增加上述行为。郭京毅案看似仅仅是"钱权交易"，但实质上却体现了对于国家经济主权的"畸形让渡"行为。诚然，在全球化的今天需要各国合作，也需要一定程度的国家经济主权让渡。因为在各国日益相互交融的时代，仅仅依靠单个国家所掌控的权力资源无法解决日益增多的全球性经济问题，各国为了充分利用自然资源、实现经济利益的最大化，就必须进行国际合作，实现权力资源的合理配置，因此，出现了国家经济主权让渡的现象（田锦锋，2008）。但是如果让渡国家经济主权以严重损害国家利益为前提，特别是相关法律法规制定者与执行者出于一己私利，不顾国家利益无限制地让渡国家经济主权，结果肯定是严重影响我国相关法律法规的制定与执行，给我国经济发展带来风险，那么这种行为是不能容许的。当RHQ 集聚，特别是一些需要与政府部门经常打交道的信息行业 RHQ集聚时，就需要相关部门切实做好对"立法式腐败"的监管，否则会加剧上述公关行贿案件的泛滥，妨碍我国相关法律法规的制定与执行，威胁我国经济安全。

### 12.2.2 生态环境方面

产业结构与生态环境存在着密切关系，既体现于三次产业之间的变动，也体现于各产业内部结构的变动。由于 RHQ 集聚会带来集聚效应和链式效应作用，那么在我国形成哪个产业或者哪个行业的 RHQ集聚将对我国生态环境起着决定性影响。

1. 从三次产业来看，第二产业的污染性加剧

集聚我国的 RHQ 集中于制造业，即第二产业，其中北京占 96.4%，上海占 77.8%（如表 12-1 所示）。当制造业中某个行业的 RHQ 集聚时，一方面产生集聚效应，会带动处于该行业上下游相关行业的 RHQ 集聚。因为 RHQ 本身处于价值链高端，所以 RHQ 集聚效应只会带来价值链高端行业的发展，比如人力资本和社会资本的扩大效应、服务业就业效应、消费效应等。另外，RHQ 集聚会产生链式效应，包括 RHQ和生产基地之间的链式效应以及核心区与产业基地之间的链式效应。链式效应中生产基地和产业基地以第二产业为主，它是决定我国生态环境的关键。因为一、二、三产业对生态环境的影响状况以及影响程度都存在差异。其中第二产业对环境质量的影响最大，第二产业中又以工业部门对环境的作用程度更为突出（李惠茹，2008）。因此，过多第二产业 RHQ 集聚于我国在一定程度上将对我国生态环境造成危害。

2. 从三次产业内部结构来看，各行业污染性不同

尽管在三次产业中，以第二产业对生态环境的影响最大，但是在第二产业内部，各行业对环境污染的程度也不尽相同。早在 20 世纪90 年代，格罗斯曼（Grossman，G. M.，1993）就提出了环境污染的产业结构阶段说。他认为东西方工业化发展与环境污染的关系出现三个阶段：第一阶段是食品、饮料、纺织、服装等轻工业为主的发展阶段。这些行业的污染密集度较低，说明此阶段工业化发展所产生的环境污染较少。但不排除资源依赖型行业也有可能带来各种环境问题。第二阶段以钢铁、非金属、石油化工、水泥等非金属矿物为主的发展阶段。各行业污染密集度高，形成以大气污染为主的严重环境污染，有毒化学物质和由重金属引起的中毒问题不容小觑，说明此阶段污染严重。第三阶段进入电气、电子机械、普通机械、运输机械为主导的发展阶段。此阶段污染程度属于中度污染，污染主要来源于对有害废弃物的管理。

以北京为例，截止到 2009 年，集聚北京并经商务部门认定的 RHQ以及具有 RHQ 性质的外商投资性公司总数为 162 家，多数为世界 500强企业，主要集中于电子、通信、机械领域（孙晓胜等，2009）。其中芬兰的诺基亚通信公司、日本松下电器公司、美国摩托罗拉公司、法国施耐德电气公司等著名企业都在北京核心城区设立有 RHQ，在位于北京东南亦庄地区的北京经济技术开发区投资建厂，形成 RHQ 集聚北京核心区，在北京周边地区拥有生产基地和产业基地的态势。这些集聚于北京的 RHQ 都属于第二产业中的电气、电子机械等行业，在它们的带动下出现了相应生产基地和产业基地。依据格罗斯曼学说，电气、电子机械、普通机械、运输机械为主导的发展阶段属于环境污染产业结构阶段中的第三阶段，环境污染程度为中度，因此我们可以推断，目前北京已经进入第三阶段，属于中度污染阶段。与北京相比，上海作为国内集聚 RHQ 最多的城市，截止到 2010 年 11 月底，上海累计认定 RHQ 总部共计 301 家，批准外资投资性公司 210 家，外资研发中心 317 家（李茜，2010）。至于上海的污染程度属于第几阶段，需要相关数据支持才能判断，但是因为数据统计缺乏只能留待以后研究。

### 12.2.3　经济结构合理性方面

现代经济增长理论的一般研究表明，经济增长不仅是一个总量增长的过程，也是结构变动和结构成长的过程，结构变动和结构成长已经成为经济持续增长的内在力量（樊士德，2009）。目前，我国也正在努力进行经济结构调整，转变经济增长方式，但是 RHQ 集聚不仅会无限期延长"中心－外围"不平等发展的现象，而且关键行业垄断性的加剧在一定程度上也会阻碍我国经济结构调整。

1. "中心－外围"不平等发展现象将无限期延长

"中心－外围"理论最初是由阿根廷经济学家普雷维什（Raúl Prebisch）从国际分工格局角度提出的，核心思想是：在传统的国际劳动分工下，世界经济被分为两类，一类是处于"中心"地位的经济发达国家，另一类是处于"外围"地位的发展中国家。普雷维什的"中心－外围"理论得以成立的基本条件实际上是"中心－外围"体系的3 个基本特征：整体性、差异性和不平等性。它要求世界经济成为一个统一的和动态的整体，"中心"和"外围"是同一个体系中的两极。在这种体系中，"中心"国家和"外围"国家之间在经济结构上具有差异性，前者的经济结构是同质性的和多样化的，后者的经济结构则是异质性的和专业化的。由于技术进步及其成果在"中心"国家和"外围"国家之间的不平等分配，在它们之间形成高附加值产品与低附加值产品的国际分工，低附加值产品贸易条件长期恶化的趋势必然使这一体系具有很大的不平等性（董国辉，2003）。

普雷维什的"中心－外围"理论同样适用于 RHQ 集聚形成的核心城市与边缘城市之间的关系，而且随着 RHQ 集聚将无限期延长核心城市与边缘城市之间的不平等性发展。原因在于：①RHQ 集聚于核心城市之后，可以为核心城市带来人力资本和社会资本在内的资本集聚效应、就业效应、消费带动效应以及税收效应等，这些效应可以进一步推动核心城市的经济发展，并形成一种"滚雪球"式的增长方式，使其产业结构向价值链更高端集聚。当 RHQ 集聚的效益大于 RHQ 集

178

聚的成本时，这种集聚就会继续，一直到集聚的效益等于集聚的成本时为止（如图 12-5 所示）。②跨国公司功能分离之后，生产基地或者产业基地一般都会选择设立在核心城市周边的欠发达地区，虽然生产基地的设立从一定程度上可以为该地区带来经济效益，并能带动该地区经济发展，但是跨国公司选择该地区作为生产基地看重的是该地区的低生产成本，对该地区经济发展的推动较为缓慢，不会出现如核心城市一样的"滚雪球"式的快速增长方式。③RHQ 集聚促进核心城市及其周边欠发达地区彼此间的分工合作，也因此形成一个城市体系。核心城市及其周边欠发达地区之间承载不同的城市功能，拥有不同的经济结构，其中核心城市以服务业为主，欠发达地区以制造业为主。④RHQ 集聚引发核心城市及其周边欠发达地区出现的不同速度的经济增长，将导致二者的不平等发展现象依然继续存在，而且如果不及时加以调整的话，还可能无限期的继续存在。从长期来看，这种情况在城市发展中有失合理性。

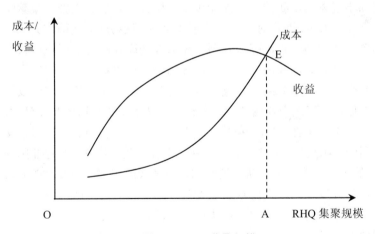

图 12-5　RHQ 集聚规模

2. 垄断加剧将在一定程度上阻碍我国经济结构调整

经济结构包括狭义和广义两种角度，其中狭义角度就是产业结构，这是本书主要研究的方面。当 RHQ 集聚时，会加剧一些行业的垄断，将在一定程度上阻碍我国产业结构调整：①阻碍第二产业内部结构调整。我国作为东道国，许多城市（如北京、上海、天津、厦门、广州等地）颁布了各种类型的优惠政策，其中多个城市（如北京、上海、天津、广州、南京、成都等地）还通过规划兴建"总部基地"以期实现"筑巢引凤"，吸引更多的 RHQ 集聚。但是跨国公司的生产结构和分工是以其全球战略规划出发的，因此跨国公司选择什么时候在什么地方设立 RHQ 也是从其本身发展战略统筹考虑的，并不是依据东道国的规划或者战略来行事的。这将导致我国期望吸引的 RHQ 和实际集聚我国的 RHQ 在行业方面并不一致，更为甚者，RHQ 集聚于某些不该集聚的行业，垄断了不该垄断的行业，比如信息行业。虽然信息行业属于高新技术产业，有利于我国经济增长方式的转变，但是 RHQ 集聚此行业形成的垄断弱化了我国相关部门在此行业的话语权，这就意味着此行业的未来发展将会依赖于跨国公司的发展战略，即使跨国公司战略目标与我国的经济发展目标之间出现矛盾，我国也只能让步于跨国公司。以此类推，集聚于其他行业的 RHQ 都会对所在行业形成垄断，这将降低我国相关部门在相关行业的话语权，那么我国将无力改变即存的各个行业的市场结构。既然如此，我国第二产业内部结构调整也将在一定程度上受阻。②阻碍三次产业结构调整。改革开放以来，我国第三产业发展相对滞后，在三次产业调整中，应该加快从主要依靠第二产业带动，向依靠三次产业协调带动转变（高帆，2009）。但是就目前来讲，集聚我国的 RHQ 大多数处于第二产业，不仅如此，其中各个行业因为 RHQ 的集聚而形成了垄断市场结构，致使我国相关部门改变垄断市场结构的难度加大，进而难以改变第二产业在国内生产总值中的占比，也就难以向依靠三次产业协调带动的转变，使得我国三次产业结构调整受阻。

### 12.2.4　民族企业生存环境方面

企业赖以生存、发展的整个外部世界构成了企业的生存环境，包括自然、经济、政治、文化、法律、技术等方面，它们共同组成多种结构且复杂多变的有机整体（邓正红，2006）。当 RHQ 集聚时，将从上述各个方面影响我国民族企业的生存环境。鉴于篇幅和资料，本书将重点分析自然环境和技术环境，其他方面有待以后进一步研究。

1. 自然环境

自然环境指的是一个国家或地区的资源、地域或生态等境况。自然环境对企业的影响首要表现为企业生产条件的优越与否。RHQ 集聚之后，会充分利用跨国公司在组织管理、控制和协调等方面的优势，与民族企业竞争，首先影响了民族企业生存的自然环境：①与民族企业争夺各种资源，包括自然资源、人力资源、政府资源等，比如宝洁公司最初将其研发总部设于广州，后来因为看中了清华大学的科研条件、高素质的科研人员，故迁址到北京；再比如信息行业跨国公司基本上都将其 RHQ 设立于北京，原因是此行业需要和政府部门打交道，而北京是我国的首都，政府资源最为丰富。②挤占民族企业的优良区位甚至吞灭民族企业，比如制造业跨国公司需要拥有比较完整生产链的优良区位为其生产提供方便的协作、生产和生产性基础设施，这些优良区位一般处于东部沿海地区，比如上海及其周边地区，其中上海为 RHQ 集聚地，周边地区则为生产基地。RHQ 集聚推动了上海及其周边地区各类成本的上升，加重了民族企业的生存成本，其中一些不得不被迫考虑外移，更有甚者会被归入跨国公司旗下，成为跨国公司整个生产链条中的一个环节。

2. 技术环境

技术环境指的是与本企业有关的科技水平及其发展趋势，主要是新技术、新设备、新工艺、新材料的采用等状况（邓正红，2006）。RHQ 集聚将挤出国内企业技术，扩大国内外企业技术差距，刺激限制性商业措施隐蔽性复苏、抑制国内企业吸收技术（任永菊，2010）。

（1）挤出国内企业技术

利润是竞争能力的反映。一般来说，跨国公司只有在我国获得高于我国国内企业的利润时，才会出现来华直接投资。然而，相比较而言，国内企业更熟悉我国国内消费者偏好，了解国内企业经营的法律和制度，国内市场信息畅通，决策当地反应迅速，因而具有先天的优于跨国公司的竞争优势。正因为如此，跨国公司想进入我国，占领我国国内市场，必须以其拥有的垄断优势来抵消远离母国进入我国具有的竞争劣势，与我国国内企业抗衡，取得高于我国国内企业的经营利润。

跨国公司在我国国内实现利润的手段之一就是在我国建立研发机构，并兼任 RHQ，亦或可以称为研发型 RHQ。此时的研发机构不再单纯负责研发，而是强调研发与管理并重。一方面在研发型 RHQ 的管理下，研发机构可以借助由此类 RHQ 搜集并归类甄别信息真伪的基础上，更全面了解有关我国国内消费者偏好，更强调当地反应，更有效地针对当地需求进行研究和技术创新，达到技术本土化；另一方面可以更有效保护跨国公司本身核心技术，防止核心技术外溢，保持其技术优势。一般来讲，跨国公司本土化的技术相对国内企业技术先进或者比同水平先进技术价格低廉，进行"中试"并投入规模生产之后会有效降低企业成本，增加企业利润，势必拥有更广泛的市场。RHQ集聚会导致上述情况不断重复出现，最终会导致对国内企业的劣势技术或者价格昂贵的同水平先进技术形成实质性挤出，扼杀我国国内企业处于萌芽状态的某种技术的自主创新。

（2）扩大国内外企业技术差距

企业技术属于知识资产。知识资产的特点是，它的生产成本很高，但通过直接投资利用这些资产的边际成本却很低，甚至等于零。这是因为企业在过去获得这些资产时已经支付了成本，这笔成本对企业来说已是沉没成本（Suck Cost）。而且知识资产的供给富有弹性，可以在若干地点同时使用。由于知识资产的这些特点，跨国公司在对外投资中就拥有优势，子公司可以花费很低的成本就可利用总公司的知识资产，而当地企业获取同类知识资产需要付出全部成本（约翰逊，1970；藤维藻等，1990）。

目前，在全球化和当地化反应两种战略同时并存的前提下，跨国公司选择具有战略性地位的我国建立 RHQ，RHQ 在我国及其周边地区发挥着类似于公司总部的功能和作用。然而 RHQ 对当地反应的敏感性要远远高于公司总部，因此在我国及其周边地区的跨国公司分支机构利用来自 RHQ 的知识资产则更能满足消费者需求，或者换句话说，RHQ 可以为在我国及其周边地区的跨国公司分支机构提供知识资产，降低跨国公司总体成本，以弥补在我国的经营劣势。

在上述情况下，跨国公司选择研发机构充当虚拟型 RHQ 也是自然而然、最节约成本、最有效的选择，因为这样可以形成"一条龙"服务。该类研发机构不同于一般的研发机构，它本身充当的角色以及拥有的各种权利都是普通研发机构无法比拟的：其一，可以根据外部环境的变化迅速做出适应性改变，最快地调整技术创新队伍，满足技术需求，抢占技术市场，享有技术优先权；其二，可以更有效地抑制跨国公司本身科技人才的外流，这将从很大程度上降低通过"学习效应"产生的技术溢出的可能性；其三，可以通过高薪、优越的科研条件等吸引国内许多高精尖科技人才来研发机构工作，这就相对地提高了跨国公司本来就具有优势的技术研发能力，并降低本来就处于劣势的国内企业的研发能力。研发型 RHQ 集聚之后会加剧上述情况，最终会进一步扩大国内外企业技术差距，即出现技术差距扩张效应。

（3）刺激限制性商业措施隐蔽性复苏，抑制国内企业吸收技术

限制性商业措施是指跨国公司为限制或排斥其他竞争者的商品进入其垄断的市场而在生产、销售和定价方面采取个别的或联合的不正当的限制性措施（藤维藻等，1990）。限制性商业措施名目繁多，在第二次世界大战之后的技术转让中应用得非常广泛。之后随着许多发展中国家和国际社会的日益关注，限制性商业措施有所收敛。

研发机构型 RHQ 集聚之后，极有可能会刺激已经收敛的限制性商业措施以更加隐蔽的方式复苏。研发机构研发出来的技术要投向市场、要转化为生产力，这个过程由研发机构本身是无法完成的，需要由 RHQ 的介入来完成。RHQ 集聚之后会使上述过程变得复杂，竞争也会更激烈，因此 RHQ 在转让技术过程中不可能像以前一样强加一些明显的限制性商业措施，但是 RHQ 也不可能让研发机构花费精力研制出来的技术完全外溢的，因此只能采取更为隐蔽的限制性商业措

施，比如原先的"不合理地限制引进方使用竞争性的技术"有可能更新为"在技术合作前提下限制引进方使用竞争性的技术"，等等，这就会刺激已经收敛的限制性商业措施复苏，抑制国内企业有效吸收跨国公司先进技术。

## 12.2.5 社会安定方面

一国的顺利发展离不开整个社会正常有序的运转，此时的整个社会没有明显的阶级等级差异，很少甚至不发生恶性事件，人民群众生活安定舒适，对政府没有抵触情绪。但是当 RHQ 集聚时，在一定程度上会破坏上述社会安定，具体如下：

（1）拉大工资差距，产生新的不平等

工资收入直接关系到人们的生活，更多的人向往高工资，它可以缓解人们的生活压力，为人们提供更优质的生活。这也是国内优秀人才前往 RHQ 就职的原因之一。就职于 RHQ 的雇员属于高学历、高工资人群，工资收入要高于民族企业相同职位的人群，更高于民族企业其他人群。当 RHQ 集聚时，高工资人群增多，结果必定拉大国内各群体之间的工资差距。事实上，工资差距的拉大从另外一个方面降低了非 RHQ 雇员的工资水平，结果必定产生新的不平等现象，直接影响我国社会安定。

（2）推高生活成本，降低普通人群的生活质量

一方面 RHQ 集聚导致办公室租金、餐饮等费用上涨；另一方面还会导致出现交通严重拥堵现象等现代城市问题，为此人们不得不花费更多时间在路途上，而损害人们的休闲时间。这些都使得人们的生活成本上升，生活质量降低。

（3）扭曲人们的价值观念

RHQ 集聚将不断扩大享有高工资的人群，也扩大了高消费人群的范围，他们热衷于非生活必需品，比如奢侈品消费。高消费会带来示范效应，致使更多的人群特别是年轻人对于非生活必需品的狂热追逐，出现更多提前消费现象以及"月光族"。这种情况又会进一步推动人们

对于金钱的崇拜，进而在一定程度上扭曲人们的价值观念。

## 12.3　本章小结

从长期来看，RHQ 集聚我国并在监管不利的情况下，将从宏观和微观两个层面对我国经济安全产生影响。

从宏观层面来看，RHQ 集聚会在一定程度上造成宏观经济政策的失效运行，影响我国经济安全，其具体体现在对中央政府宏观调控与治理能力的弱化，影响货币政策和财政政策独立有效的运行。①影响货币政策的独立运行。一方面，当出现 RHQ 集聚时，跨国并购增加，我国相关法律不健全，会加剧失业率上升，进而加剧充分就业和稳定物价之间的矛盾，影响货币政策的独立运行。另一方面，RHQ 集聚后，会加剧我国垄断型市场结构，很可能引起利润推动型通货膨胀。RHQ 集聚从供给角度引致出现了成本推进型通货膨胀。中央政府的货币政策的作用对此的作用效果很小。因此说，中央政府通过货币政策抑制由 RHQ 集聚引致的利润型通货膨胀在一定程度上是失效的，这就形成促进我国经济增长与抑制通货膨胀之间的冲突。②影响财政政策的独立运行。各省市相关政府部门为吸引 RHQ 提出了不同程度的优惠政策，特别是税收优惠政策。这些优惠政策不仅使得我国税收收入在一定程度上减少，而且也破坏了税收公平性。另外，RHQ 集聚使得投入到非基础性产业的外国资本增加，将带动其上下游关联产业投资的增加。这部分投资一部分来自于其他竞争性跨国公司的追随战略，一部分来自于对我国国内政府投资的吸引，引起政府投资于基础性产业的资本量减少，产量下降。长此下去，我国基础性产业的发展会出现"瓶颈"，阻碍非基础性产业发展。

从微观层面来看，RHQ 集聚将从以下方面对我国经济安全造成影响：①对经济主权独立性产生影响。RHQ 集聚将加剧外国资本在我国实现垄断型市场结构，甚至影响我国相关法律法规的制定与执行等，这些情况都将加剧我国经济主权独立性的逐渐消失。②对生态环境产生影响。产业结构与生态环境存在着密切关系，既体现于三次产业之间的变动，也体现于各产业内部结构的变动。过多第二产业 RHQ 集聚于我国在一定程度上将对我国生态环境造成危害。在第二产业内部，各行业对环境污染的程度也不尽相同。依据格罗斯曼的环境污染产业结构阶段说，并以北京为例，集聚的 RHQ 形成的环境污染属于第三阶段，中度污染程度。③对经济结构合理性产生影响。依据现代经济增长理论，我国目前正在努力进行经济结构调整，转变经济增长方式，但是 RHQ 集聚不仅会无限期延长"中心—外围"不平等发展的现象，而且关键行业垄断性的加剧在一定程度上也会阻碍我国经济结构调整。④对民族企业生存环境产生影响。RHQ 集聚将与民族企业争夺各种资源，包括自然资源、人力资源、政府资源等；并挤占民族企业的优良区位甚至吞灭民族企业。另外 RHQ 集聚将挤出国内企业技术，扩大国内外企业技术差距，刺激限制性商业措施隐蔽性复苏、抑制国内企业吸收技术。⑤对社会安定产生影响。当 RHQ 集聚时，在一定程度上会破坏上述社会安定，拉大工资差距，产生新的不平等；推高生活成本，降低人们的生活质量；带动更多人群崇拜金钱，在一定程度上扭曲了人们的价值观念。

# 第13章

## RHQ 集聚影响我国经济安全的案例

一直以来，香港都具有如下优势：亚洲的商业资本、国际商业环境、税率低、税制简单、战略性区位、进入中国大陆的门户、世界级的基础设施、高效熟练的劳动力、研发、大都市的生活方式（香港投资促进局，2010）。正因为上述优势，香港已经成为亚洲商业首选区位、RHQ 最具吸引力的地方，是全球集聚 RHQ 最多的区位。RHQ 集聚香港对我国经济安全产生哪些影响呢？这是本章的重点内容。

## 13.1  RHQ 集聚的内部性影响

RHQ 集聚的内部性影响可以通过两个方面表现出来：①通过 RHQ 本身具有的核心职能影响所在中心城市的经济结构；②通过 RHQ 的集聚带动中心城市密集的人才、信息、技术资源得到最充分的潜能释放，能够吸引相关产业集聚形成相关产业群，促使所在中心城市产业结构向高端化发展，加大中心城市与周边地区的差距。

### 13.1.1　RHQ集聚数量不断增加引发其内部性

　　RHQ集聚于香港的数量呈上升趋势。从第一次开始正式统计RHQ数量以来，集聚香港的RHQ基本上出现三个阶段：1991－1997年第一次上升阶段；1998－2008年第二次上升阶段，该阶段是受1997年亚洲金融风暴影响于1998年出现回落之后开始上升的，并于2008年6月1日创下1991年以来的最高点，达到1298家，是1991年的1.16倍；2009至今第三次上升阶段，该阶段是受2008年金融危机影响于2009年出现回落之后开始上升的，截止到2013年6月1日，集聚香港的RHQ已经回升至1379家，比2008年历史位高81家，是1991年的2.29倍（如图13-1所示）。

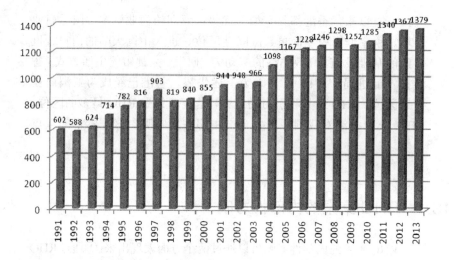

图13-1　RHQ集聚香港的数量（1992－2014年）（单位：家）

　　资料来源：本书作者根据《中国统计年鉴（1992—2009）》以及香港政府统计处相关数据整理汇制。

RHQ 来源国已经遍布北美、欧洲和亚洲等几大洲的 15 个国家和地区，包括美国、日本、英国、中国内地、德国、法国、荷兰、意大利、瑞士、新加坡、中国台湾、澳大利亚、瑞典、加拿大、丹麦。其中美国、日本和英国居前三位，2013 年，三国入驻 RHQ 绝对数量分别为 316 家、245 家和 126 家（均高于 1991 年的统计数据）；分别占当年总数量的 22.9%、17.8% 和 9.1%。美国的绝对数量一直占据首位，但是相对数量却由 1991 年的 42.9% 下降到 2013 年的 22.9%；与美国相比，日本在绝对数量增加最多共增加 201 家，相对数量也由 1991 年的 7.3% 增加至 2013 年的 17.8%。

另外，集聚香港的地区办事处数量也在增多。截止到 2013 年 6 月 1 日，地区办事处达到 2456 家。其中美国、日本和英国于 2013 年分别为 506 家、484 家和 209 家，居于前三位，分别占总数量的 20.6%、19.7% 和 8.5%；中国内地以 148 家居于第五位占 6.0%。地区办事处不同于 RHQ，指的是代表香港境外母公司负责协调区内（即香港及另一个或多个地方）各办事处及/或运作的一家办事处。如驻港的地区办事处属联营机构，其母公司所在的国家/地区可多于一个（中国统计局，2014）。香港政府统计处在调查过程中发现，地区办事处的增幅最为明显，这类公司在香港开业或扩充业务的过程中，可能成为未来的地区总部或地区办事处（香港政府统计处，2010）。因此说，当地办事处在一定程度上有利于 RHQ 集聚及其内部性的发挥。

总体上来讲，集聚香港的 RHQ 数量在不断增多，来源国在不断扩大，这将对香港的经济结构产生影响：①从三次产业结构来看，RHQ 比单纯的 FDI 更突出服务性，对国内生产总值的贡献归属于第三产业，RHQ 集聚将带动香港向第三产业转变。因为 RHQ 的核心职能是促进公司各项经营资源——人力资源、物质资源、资金资源等有形资产和技术、经营管理经验和诀窍等无形资产——在区域内的有机联系和相互利用，并提高公司决策效率，包括控股公司制（Holding Company）职能、经营参谋（Staff）职能、综合调整职能、地区内发展新事业的推动主体（郑京淑，2002：10）。②从第三产业内部来看，

RHQ 核心职能的性质"属于业务职能,一般包括经营战略、计划、管理、人事、劳务,财务、会计,法务,宣传、广告,调查等内容,而且这些业务活动主要在事务所内开展"(郑京淑,2002:10),属于第三产业中比较高端的环节。因此,RHQ 集聚将推动香港第三产业向高端化发展。

### 13.1.2  RHQ 集聚带动形成了相关产业集群

RHQ 集聚之后,通过释放香港的各种资源潜能,带动形成相关产业集群,推动香港产业结构向高端化转变,主要体现在 RHQ 集聚以及由此流入香港的 FDI 分别形成相应的产业集群。

1. RHQ 集聚而成的产业集群

从三次产业结构来看,在集聚香港的 RHQ 中,服务业 RHQ 占据绝对份额。其中包括零售、批发和进出口贸易,商务服务,物流及其相关服务业,金融与银行业在内的四大主要行业的 RHQ 于 2005 年和 2006 年连续两年占所有入驻香港的 RHQ 总数均超过 91.0%(如表 13-1 所示)。RHQ 本身就属于第三产业,因此 RHQ 集聚必带动香港服务业发展,在香港形成第三产业集群。比如 2007 年,香港三次产业构成为 0.06:7.38:88.63,2003 年为 0.07:10.39:86.07,第三产业占比明显增加。

从第三次产业内部来看,位于香港的服务业 RHQ 属于生产型服务业,居第三产业的高端部分;另外高端行业增速较快,2010 年,金融及银行业具有最明显的增长,巩固了香港作为全球依靠的国际金融中心的地位。金融及银行地区总部的数目增加 5%,达 135 家;而当地办事处则增加 13%,共计 622 家(香港政府统计处,2010)。因此说,RHQ 集聚香港将在香港形成高端服务业集群,对香港的产业高端化和经济发展做出直接贡献。

表 13-1　按主要业务范围划分的 RHQ (2005/2006)

| | 按地区总部主要业务范围划分（家数/百分比） | 按香港以外的母公司主要业务范围划分（家数/百分比） |
|---|---|---|
| 批发、零售及进出口贸易业 | 615/52.7（643/52.4） | 380/32.6（405/33.0） |
| 商用服务业 | 271/23.2（270/22.0） | 217/18.6（194/15.8） |
| 运输及有关服务业 | 103/8.8（115/9.4） | 101/8.7（118/9.6） |
| 金融及银行业 | 74/6.3（93/7.6） | 83/7.1（107/8.7） |
| 制造业 | 73/6.3 | 471/40.4 |
| 建造业、建筑及土木工程业 | 35/3.0 | 38/3.3 |
| 电讯业 | 17/1.5 | 21/1.8 |
| 保险业 | 16/1.4 | 17/1.5 |
| 地产业 | 12/1.0 | 13/1.1 |
| 及酒店业 | 11/0.9 | 16/1.4 |

资料来源：中国资讯行，《港澳经济年鉴 2005》，http://www.bjinfobank.com；政府统计处，《香港统计资料》2006 年 9 月 26 日，http://sc.info.gov.hk。（注：括号内外数据分别为 2005 年和 2006 年）

2. FDI 集聚而成的产业集群

RHQ 集聚香港之后，会带动相应 FDI 的流入，也会形成相应的 FDI 集群。从流入香港 FDI 的三次产业结构来看，第三产业 FDI 集中于第三产业。2009 年，第三产业年底存量和流量分别达到 70084 亿港元和 4061 亿港元，分别占总额的 96.5% 和 105.6%，与服务业 RHQ 集聚香港是分不开的。

从流入香港 FDI 第三产业的内部结构来看，FDI 集中于高端行业。2009 年，投资控股、地产、专业及商用服务年底存量和流量分别达到 47837 亿港元和 2343 亿港元，分别占总额的 65.88% 和 57.7%，居首位；居于次位的是银行及接受存款公司，年底存量和流量分别达到 7949 亿港元和 791 亿港元，分别占总额的 10.95% 和 19.48%；进出口贸易、批发与零售居第三位，年底存量和流量分别达到 7565 亿港元和 608

191

亿港元,分别占总额的 10.42%和 14.97%。前两个行业均属于第三产业高端行业,从数据统计来看,前两个行业在绝对额和相对额两方面都具有明显优势,香港已经在第三产业高端行业形成 FDI 集群。

## 13.2　RHQ 集聚的外部性影响

RHQ 集聚香港的外部性影响主要表现为产业空间价值链,促使香港向第三产业转化,广东向第二产业转化,进而在香港和广东之间形成"中心—外围"(Core-Periphery)关系下的总部经济,即香港和广东的产业结构均发生改变。其结果是:一方面促使香港和广东之间的合作,形成区域联合;另一方面如果不加强管理,将给我国经济发展带来风险。

### 13.2.1　香港宏观经济结构正向第三产业转化

20 世纪 90 年代初期,入驻香港的 RHQ 数量不断增加,香港的宏观经济结构开始向服务经济转变,这一点可以由 GDP 中三次产业构成及其就业率来说明。第二产业在 GDP 中的比重及其就业率均不断下降,分别由 1990 年的 24.3%和 36.0%下降至 2012 年的 6.8%和 11.6%。制造业也是一样,在 GDP 中的比重及其就业率分别由 1990 年的 16.9%和 27.7%下降至 2012 年的 1.5%和 3.7%(如图 13-2 所示)。

香港的第三产业占 GDP 的比重及其就业率正在不断上升,分别由1990 年的 71.5%和 62.4%上升至 2012 年的 91.9%和 87.7%(如图 13-3所示)。其中各种服务行业的上升幅度并不相同,四大主要服务行业,即金融服务、旅游、贸易和交通运输、专业服务及其他工商业支援服务业占据主导地位。

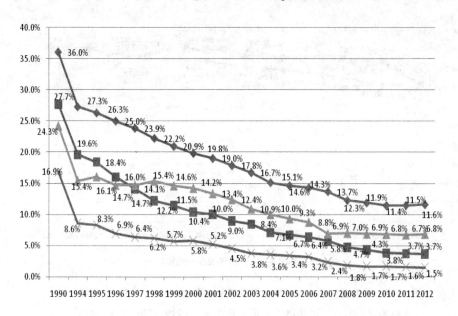

图 13-2　香港第二产业和制造业分别占 GDP 的比重及其就业率（1990—2014）（单位：%）

资料来源：本书作者根据《中国统计年鉴（1999－2014）》整理绘制。

　　综上，香港第二产业和制造业占 GDP 的比重及其就业率不断下降，服务业占比不断上升。所有这些数据表明香港正在向服务业经济转化。其结果是：①香港经济以第三产业为主，符合世界金融中心发展要求；②香港经济正出现向实体经济空心化方向转移的危险。因此，需要相关政府部门谨慎考虑上述结果，以免香港遇到金融危机时遭受重创。

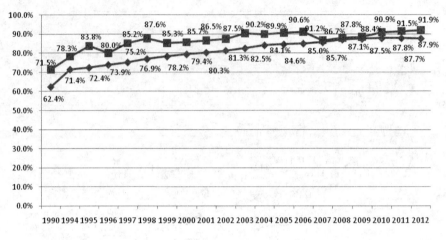

图 13-3　香港服务业占 GDP 的比重及其就业率（1990—2012）（单位：%）

资料来源：本书作者根据《中国统计年鉴（1999—2014）》整理绘制。

## 13.2.2　广东宏观经济结构正向第二产业转化

　　与香港正好相反，广东正在向制造业基地转化。从总的发展趋势来看，第二产业占 GDP 的比重及其就业率处于同步上升趋势，分别由 1997 年的 47.65%和 27.66%上升至 2010 年的 50.02%和 34.93%[①]。其中 2005 年的就业率上升了近 10 个百分点，是各年度中升幅度最大的一年，之后的 2006 年和 2007 年呈现稳步上升。但是受 2008 年金融危机影响，2008 年微幅下调之后，于 2009 年第二产业占 GDP 的比重和就业率出现同步较大幅度下降，不过 2010 年重新出现回头上升迹象（如图 13-4 所示）。尽管一波三折，但是并没有改变广东宏观经济结构正在向第二产业转化的趋势。

---

　① 因数据统计问题，只能以 1997—2010 年第二产业代替来粗略说明。

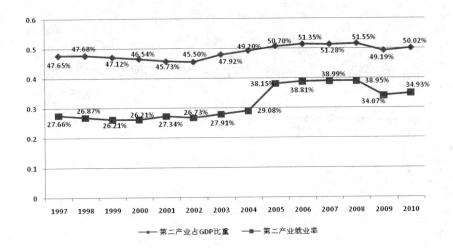

**图 13-4  广东工业占 GDP 的比重和制造业就业率（1997-2008）（单位：%）**

资料来源：本书作者根据《广东统计年鉴（2009）》整理绘制。（注：因为数据问题，故用工业替代制造业来说明问题）

与第二产业相比，第三产业就业率及其占 GDP 的比重之间的分歧比较大。就业率占 GDP 的比重只有在 2005 年、2007 年和 2009 年出现同步变化，只是 2005 年和 2009 年第三产业就业率及其占 GDP 的比重虽然同步变化，但是变化幅度差异却非常大，其他年份均处于相互背离状态（如图 13-5 所示）。此情况足以说明广东服务业发展并不如意。这主要是三大主要服务业，即批发和零售贸易餐饮业，交通运输、仓储、邮电通信业以及金融、保险业的就业率及其 GDP 占比非常不稳定的变化导致的。

上述事实表明，广东的服务业与香港相比正在弱化，但是制造业却保持非常重要的地位且有进一步发展的潜力，这也意味着广东正在向制造业基地转化。对此，如果我国相关政府部门不能做好切实工作的话，那么广东制造业基地将长期存在，将不利于广东及我国产业结构调整，对我国经济安全将造成严重威胁。

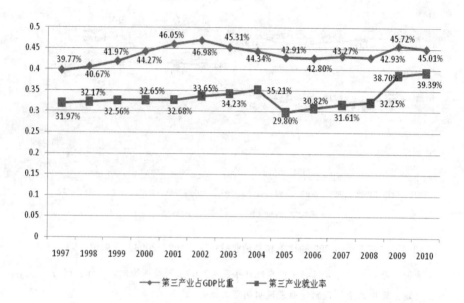

图 13-5  广东工业占 GDP 的比重和制造业就业率（1997—2007）（单位：%）

资料来源：资料来源：本书作者根据《广东统计年鉴（2009）》整理绘制。

（注：因为数据问题，故用工业替代制造业来说明问题）

### 13.2.3  香港—广东宏观经济结构正向中心—外围关系转化

RHQ 集聚香港，引起了香港—广东甚至"珠三角"的产业结构变化。在香港—"珠三角"之间的地区性劳动力分工基本上形成了香港充当着服务导向的城市核心以实行主要的服务功能，而"珠三角"则主要从事加工制造，并不提供各种服务功能（段樵等，2003：753）。接着，香港—广东的城市经济分工开始出现，并逐步形成了以香港为核心，以"珠三角"为边缘的中心—外围关系下的单一型总部经济模型。

随着广东经济的的发展，最初处于边缘的"珠三角"的某个城市，比如广州或者深圳会逐渐成长为次核心城市，围绕其周边会出现若干次边缘城市，这样就会形成广州/深圳－其他城市的次总部经济，最终单一总部经济向多维总部经济转移（任永菊，2007）。不过在香港－广东区域内能否出现多维总部经济还需要各方面的共同努力，否则广东将仅仅作为香港的加工基地而长期存在，第二产业中低附加值部分占据主导地位。此结果导致：①第二产业生产总值占全省的比重居高不下，甚至继续攀升，将不利于广东和我国三次产业的结构调整以及经济增长方式的转变。②在第二产业内部，依赖为跨国公司加工赚取少部分的加工费，低附加值部分长期占据主导地位，将阻碍我国高新技术产业以及战略性新兴产业的发展。

## 13.3　对 RHQ 集聚影响的思考

RHQ 集聚香港，对香港－广东经济发展产生了不可忽视的影响，然而很多省市还在制定各种优惠政策，建立各种类型、各种级别的总部基地以吸引更多的 RHQ 集聚。针对此现实，各省市应该如何看待呢？这的确是一个值得思考的问题。

### 13.3.1　各城市如何充分利用 RHQ 的独特功能

RHQ 成为了推动当地产业结构变化的主要动力，然而如何充分发挥这种动力呢？关键是需要协调城市之间以及城市内外各个方面的关系，否则将对我国的城市发展和区域经济发展形成扼制。RHQ 的独特性质及其功能价值链组成了推动当地产业结构的两大动力。然而如何充分利用这些动力并不是一件容易的事情，需要城市内外进行协调。比如我国经济发展的"三驾马车"以及两大新区都在吸引 RHQ，发展总部经济，它们之间以及与区内其他城市之间该如何协调？确立与实施其发展战略则成为关键。

### 13.3.2　各城市如何定位

RHQ 拥有的特定功能诱使每个城市都在吸引它们入驻，关键是国内城市如何定位。RHQ 的特定功能可以通过其集聚效应得到证明，也是各城市制定相应优惠政策吸引 RHQ 发展总部经济的直接诱因。但是大型跨国公司数量有限，固定大小的"蛋糕"要被越来越多的城市瓜分，每个城市能分得多少？而 RHQ 的建立则是一个相当复杂的系统工程，每个城市都是备选对象，可是跨国公司只能选择某个城市建立 RHQ，所以国内各城市需要考虑如何定位城市发展以更加切合实际地利用 RHQ 的集聚效应，否则后果不堪设想。

### 13.3.3　各城市之间如何协调

RHQ 集聚可以形成中心—外围关系下的多维总部经济，关键是国内各城市之间如何竞争。RHQ 集聚由中心—外围关系下的总部经济表现出来。这种总部经济有其自身的特点，并决定了城市之间竞争的类型和层次、最优资源配置的实现，以及如何推动区域联盟。最后城市之间如何竞争呢？直接表现之一就是各城市如何制定相应的优惠政策。然而，问题是这些政策是否存在着"竞争到底线"的可能性。如果答案是否定的，则是上佳答案，否则，高兴的将是跨国公司，这将不利于我国城市发展及其产业结构升级。

## 13.4　本章小结

RHQ 集聚香港，对香港—广东经济发展分别从 RHQ 内部性和外部性两个方面产生了不容忽视的影响。

从内部性影响来看，一方面 RHQ 集聚香港的 RHQ 数量在不断增多，来源国在不断扩大，对产业结构产生影响。从三次产业结构来看，

RHQ 对生产总值的贡献归属于第三产业，RHQ 集聚带动香港向第三产业转变。从第三产业内部来看，RHQ 核心职能居于第三产业中比较高端的环节，因此 RHQ 集聚将推动香港第三产业向高端化发展。另一方面，通过 RHQ 的集聚带动香港密集的人才、信息、技术资源得到最充分的潜能释放，能够吸引相关产业集聚形成相关产业群，促使所在中心城市产业结构向高端化发展。

从外部性来看，RHQ 集聚香港的影响主要表现为产业空间价值链，促使香港向第三产业转化，广东向第二产业转化，进而在香港和广东之间形成中心－外围关系下的总部经济，即香港和广东的产业结构均发生改变。其结果是：一方面促使香港和广东之间的合作，形成区域联合；另一方面如果不加强管理，将给我国经济发展带来风险，其中香港出现实体经济空心化发展的可能，广东则出现以第二产业长期占主导的危险，这些情况均不利于我国经济的安全发展。

鉴于 RHQ 集聚香港，对香港－广东经济发展产生了不可忽视的影响，而国内很多省市还都在制定各种优惠政策，建立各种类型、各种级别的总部基地以吸引更多的 RHQ 集聚。针对此现实，各相关政府部门需要认真考虑如何充分利用 RHQ 独特功能、城市如何定位以及如何协调各城市之间的问题。

# 第14章
## 我国的应对策略

依照科学发展观的要求，以我国"十二五"规划为战略发展目标，充分利用 RHQ 集聚带来的正效益、摒弃负效益，就需要强调制度创新，以相关法律为根本保障，以构建金融新秩序为核心，以坚持发展为第一首要任务，正确处理好对外开放、发展国际经济合作与维护国家利益和经济安全的关系，才能全面、协调、可持续地发展我国经济，增强我国综合国力，有效化解经济全球化带来的各种负面影响，确保我国经济安全。

## 14.1　强调制度创新是实现我国经济安全的基本前提

实现经济发展有两条可选择途径：一是侧重于增加要素投入，这是一条外延型道路；二是主要通过创新来实现发展，包括技术创新和制度创新，其中技术创新可以使生产力水平得到提高，制度创新使生产关系得以调整，从而使生产潜能得以释放。相反，如果不进行创新，特别是制度创新，生产关系无法调整，生产潜能也无法释放，我国经济安全还将面临风险。制度创新是实现我国经济安全的基本前提，分享经济全球化最现实的路径（曹鉴燎，2002）。

我国经济制度创新需要着眼于以下几个方面：①借助跨国公司及

RHQ 发展的良好态势，完善和修正我国相关法律法规，特别是吸引 RHQ 的相关法律法规，提高其运行质量和效率。制度供给的质量状况取决于制度设计者的素质、初衷及其对当前经济发展内在规律性的理解。制订 RHQ 相关法律法规的设计者应该具有良好道德修养和社会责任感、具有扎实的跨国公司及 RHQ 的相关理论基础、全面洞悉跨国公司及 RHQ 的发展趋势，才能在一定程度上保证制度供给的质量。制度供给的效率取决于制度管理者能否及时把握国内外各种复杂情况及突发事件，并做出及时回应的能力。RHQ 是跨国公司基于其本身发展战略择地而设的，处于一种动态变化之中，那么制度管理者在世界经济环境不断变化之中如何掌握了解 RHQ 的动态并及时做出应对之策则是提高效率的路径之一；②依据 RHQ 对于区位的需求，改善和提升我国的总体环境。跨国公司为最大限度地实现其区域性战略目标而选择在某个恰当的区位设立 RHQ，需要考虑各种区位因素包括金融因素、基础设施因素、人的因素和市场因素（任永菊，2006）。这些区位因素决定了我国的总体环境。总体环境的好坏在相当大程度上决定了经济安全风险起源与扩散，优良的总体环境利于防范和化解经济安全风险，相反则会增加风险，其中关键之处在于法律环境。完善的法律环境可以为我国经济安全设立一道安全屏障。因此针对 RHQ 集聚，需要制定相关的法律法规，比如金融政策、人才政策、医疗体制等，并保证它们有效运行，以完善法律环境，推动我国总体环境的提升；③针对 RHQ 集聚可能带来的经济安全风险建立相应的风险预警制度。由实业界、学界、政策制定者等组成项目组，共同甄选一系列可测性、可控性以及相关性的宏观和微观指标进行连续性统计计算分析，对经济安全状况做出科学预测，并及时提出相应措施。

## 14.2 构建经济安全体系是实现我国经济安全的根本保障

发生于 2009 年的力拓"间谍门"案件暴露了全球化时代我国经济发展存在的"软肋"，即我国经济安全体系的缺失。但是我国不可能"因噎废食"，还会坚持对外开放。况且在此前提下，吸引 RHQ 已经成为各级政府部门的迫切要求，为有效规避 RHQ 集聚带来的经济安全风险，构建经济安全体系成为当务之急，换句话说，构建经济安全体系是实现我国经济安全的根本保障。

构建经济安全体系应该着手于构建健全的法律体系和严密的组织体系两个方面：①从法律体系来看，我国与美国等发达国家相比相差太远，急需政府相关部门制定相关法律法规。美国为保护本国安全，出台了一系列法律，形成了较为完善的法律体系。比如 1917 年就已经有了《反间谍法》；1947 年出台《国家安全法》，其后又不断修正，弥补漏洞与不足；进入全球化时代，为应对全新的竞争格局，1996 年出台《反商业间谍法》；"9·11"事件之后，又借反恐之名出台了《爱国者法案》。随后由于主权财富基金崛起，新兴国家到美国并购频繁发生，《外国投资与国家安全法》应运而生（程刚，2009）。与美国相比，我国立法缺失、老化，甚至没有一部像样的安全法律。我国现行的《保密法》《国家安全法》均针对传统安全，已不适应形势发展需要，因此亟需有关政府部门制定相关法律法规；②从组织体系来看，我国同样严重缺失，同样急需构建能够防范经济风险的组织体系。美国有一个庞大而严密的组织体系。政府部门设有国家安全委员会，总统亲任主席，权威非常高；下设中央情报局、国家安全局，以及权限非常大的联邦调查局。在国会，还设有相关的各种委员会，比如外国投资与审查委员会等，甚至还专门针对我国设有一个美中经济安全审查委员会。最著名的一个案例当属华为公司于 2008 年收购美国网络安全公司 3Com 失败，就是与美国外国投资与审查委员会的审查相关。与美国相比，我国却没有一个完整的组织体系。国家发改委作为我国最高经济调控部门，一直到 2009 年 5 月才在国民经济综合司下设经济安全处。该处职能包括"提出国家重要物资储备政策建议，拟订并协调国家重要物资储备计划，组织研究和提出国家经济安全和总体产业安全战略及政策建议"（程刚，2009）。组织体系的严重缺失，说明了我国政府相关部门经济风险防范意识的淡泊，因此需要政府相关部门从观念上重视我国经济安全问题，及时构建相应的组织体系。

具体来讲，我国经济安全体系可以涵盖以下几个方面：建立权威性质的多层级的组织体系；明确规定维护我国经济安全运行的基本要求；规范维护我国经济安全运行的标准，政府对我国经济风险的控制和手段以及国内经济和国际经济的互利、互惠、互补的范围和标准；严格界定恶意并购行为，并给予严厉制裁；构建我国经济安全的预警机制；统一规范 RHQ 来华的标准和优惠政策等。通过建立上述经济安全体系，可以使得集聚我国的 RHQ 的经济活动有法可依，其行为被严格约束在法律允许的范围之内，以充分保障我国经济安全，促进我国经济发展的各种经贸活动。

## 14.3　维护金融秩序是实现我国经济安全的核心

金融是现代经济的核心，金融安全是主权国家经济安全的核心（江涌，2009）。我国作为主权国家，金融安全自然也是我国经济安全的核心。保障金融安全的关键途径是维护金融秩序，维护金融秩序是实现我国经济安全的核心。

金融秩序指的是有关融资方面的法律调整、规范之下形成的法律秩序。它由以下几个部分构成了一个统一的整体，包括股票发行交易秩序、债券发行交易秩序、基金发行交易秩序、保险管理秩序、信贷秩序和民间借贷秩序。RHQ 作为国外利益集团的代表集聚我国时，会通过"强力公关、利益输送、与国内利益集团结成共同体以及与一些地方政府形成共生关系（江涌，2011）"越来越多、越来越深地介入我国的重大事务，并带来一系列的影响，扰乱了我国金融秩序，威胁着我国金融安全和经济安全，因此需要我国政府部门维护金融秩序，以保障我国经济安全。

维护金融秩序需要从以下方面展开：①通过立法规范国内行业精英或者退休高官进入 RHQ 担当顾问和独立董事的任职行为。RHQ 本身承担着跨国公司在某个地区以及相应国家的各种事务，其中包括通过各种手段为本利益集团谋得最大利益。它们通过高薪聘请我国优秀专家学者或者退休高官担当顾问或者独立董事，利用他们在国内的影响力、知名度、关系网以及强大的话语权，以期影响行业乃至我国的宏观经济政策。为避免或者减少此类事件的发生，需要我国相关部门通过立法制约部分专家学者的课题研究行为以及退休高官退休后不恰当的"余热行为"，对其中严重者必须追究其法律责任；②尽快出台或者完善我国立法，约束以 RHQ 为代表的院外活动。美国作为法律体系较完善的国家，主要通过三部法律，即《外国代理人登记法》（1938）、《联邦院外活动管理法》（1946）和《院外活动公开法》（1995）对国外利益集团的活动进行直接管制。主要涉及明确界定"游说者"的法律地位；实施主动登记制度、定期报告制度和身份表明制度；对违法者实施民事和刑事处罚。除上述三部法律之外，还有一些法律也对国外利益集团的行为进行了限制，比如《联邦选举法》禁止外国人和外国代理人对选举进行捐款，《政府道德法案》禁止外国人和外国代理人向政府官员馈赠礼物，等等（江涌，2011）。与美国相比，截止到目前我国在院外活动方面的法律约束基本属于空白，与此同时，随着 RHQ 集聚我国的数量不断增加，左右我国经济政策相关法律法规制定以及寻求利益倾斜的院外活动不断增加，这就导致缺失的法律约束和不断增加的院外活动二者之间非常的不匹配，结果严重影响了我国正常的金融秩序和经济秩序，因此有关政府部门非常有必要制定相应的法律法规约束上述院外行为，让法律跟上现实需求，以保障我国金融安全和经济安全。

## 14.4　发展低碳经济是实现我国经济安全的重要保障

"富煤、少气、缺油"的资源条件决定了我国能源结构以煤为主，低碳能源资源的选择有限；另外，第二产业作为我国经济主体则决定了能源消费的主要部门是工业，工业生产技术水平落后，又加重了我国经济的高碳性。这些现实决定了我国在近 30 年的工业化过程中，依然是高投入、高消耗、高污染、低效益（以下简称为"三高一低")的传统发展模式，没有完全避免先污染后治理的恶果。为消除此恶果，保障我国经济安全发展，需要由"三高一低"的传统发展模式向"三低一高（即低能量消耗、低污染、低排放和高绩效）"为核心的低碳经济转变。发展低碳经济是实现我国经济安全发展的重要保障。

发展低碳经济应该从以下几个方面进行：①完善或出台相关法律法规，避免我国相关政府官员与跨国公司之间达成某种协议。在我国，很多政府官员只看重政绩，而不管其所在省市是否具有适合 RHQ 入驻条件的情况下想方设法地努力吸引 RHQ。当这些官员的意图被跨国公司了解之后，一些高消耗、高污染行业的跨国公司会毫不犹豫地进行强力公关，并和主管官员讨价还价，提出设立 RHQ 的前提条件是需要相关官员协助完成在我国建立高消耗、高污染的生产企业的审批。其结果往往是一方面造就了主管官员的腐败行为，另一方面则完成了高消耗、高污染生产企业在我国的建立；②制定严格的能耗标准，并由专门的行政管理部门监督执行。目前，我国已经将其提到日程上了。2008 年 10 月，国家节能中心成立，直属于国家发展委员会，主要职责是：承担节能政策、法规、规划及管理制度等研究任务；受政府有关部门委托，承担固定资产投资项目节能评估论证，提出评审意见；组织开展节能技术、产品和新机制推广；开展节能宣传、培训及信息传播、咨询服务；受政府有关部门委托，承担能效标识管理；开展节能领域国际交流与合作（国家节能中心网站，2008）。但是随着 RHQ 集聚我国数量的增多，国家节能中心应该加强与商务部等部门的合作，共同制订相应的条例共同监督执行，才能确保不被 RHQ 钻政策的空隙，真正做到胡锦涛总书记在中国共产党第十七次全国代表大会报告中明确提出的加快转变我国经济发展方式的"三个转变"，即："促进经济增长由主要依靠投资、出口拉动向依靠消费、投资、出口协调拉动转变，由主要依靠第二产业带动向依靠第一、第二、第三产业协同带动转变，由主要依靠增加物质资源消耗向主要依靠科技进步、劳动者素质提高、管理创新转变。（胡锦涛，2007）"

## 14.5　建立内生增长模式是实现我国经济安全的必由之路

美国《国家安全战略报告》指出，经济安全的根本保障在于"国内经济力量"，美国的外交实力、军事力量及价值观魅力，"都取决于美国的经济实力"。"如果没有一个确保美国经济强大的战略，美国在世界上相对的经济地位与自卫能力将陷入危险境地。"与美国一样，我国经济安全的根本保障也在于国内经济力量。建立内生增长模式，实现由"中国制造"向"中国创造"的重要转型，是保障我国经济安全的必由之路。

建立内生增长模式的途径在于：强调 RHQ 资源整合功能及其根植性。吸引 RHQ 集聚的根本目的并不仅仅局限于通过集聚多少家 RHQ 而表现相关政府官员的政绩，而应该是强调 RHQ 的根植性，使其根植于我国的经济发展当中，并与当地政府、企业、其他社会机构加强联系与合作（当然需要排除 RHQ 与政府官员之间的非正常协议部分），确实成为我国经济发展网络中的组成部分。那么如何增加 RHQ 的根植性则是各相关政府部门认真考虑并做出具体措施的关键环节。增加 RHQ 根植性最便捷的途径就是利用 RHQ 资源整合功能，在当地构建创新网络以获得和保持持续创新能力。本地创新网络指的是在一定地域范围内，各个行为主体（企业、大学或科研机构、地方政府等组织及个人）在交互作用与协同创新过程中，彼此建立的各种相对稳定的，能够促进创新的，正式与非正式关系的总和（盖文启，2002；邱国栋等，2009）。这种网络能够使劳动力、资本等生产要素以及新知识、新技术、新思想在网络中顺畅地流动和扩散，从而不断互补创新资源，降低创新风险，加快创新速度（邱国栋等，2009），进而提高当地创新能力，促进我国经济的内生性增长。事实上，内生性增长模式就是强调研发（R&D）是经济刺激的产物，由研发产生的知识必定具有某种程度的排他性。因此，新思想的开发者拥有某种程度的市场力量。在这一思路中，源于有意识的研发努力的知识（技术）是经济增长的源泉（苏丹丹，2009）。

## 14.6　完善社会保障体系是实现我国经济安全的坚强后盾

随着 RHQ 集聚我国，并购现象逐渐增多将造成我国失业人数上升，加重我国的就业压力；另外，外国资本的增加也会造成劳工纠纷增加。有效解决上述问题的唯一途径是完善社会保障体系。社会保障体系指的是社会保障各个有机构成部分系统的相互联系、相辅相成的总体。完善的社会保障体系是我国建立社会主义市场经济体制的重要支柱，是实现我国经济安全的坚强后盾，它关系到改革、发展和稳定的全局。

完善社会保障体系的关键在于：①健全相关法律法规体系并提高其运行效率。截至目前，我国已经相继出台了几十部相关法律，比如《就业促进法》《劳动争议调解仲裁法》《社会保险法》，等等（中华人民共和国人力资源和社会保障部，2011）。但是更重要的是如何根据现实条件的不断变化进一步完善上述各相关法律法规，并提高其运行效率；②健全协调约束劳动关系的三方机制。在 RHQ 集聚区内，建立政府、工会和 RHQ 之间的三方协调约束机制，包括劳动合同鉴定、工资收入分配、失业保障、劳动纠纷解决及其相关的监督执行队伍；③社会保障体系信息化建设覆盖社会各个领域的各类企业，特别是RHQ，因为 RHQ 作为"迷你型"公司总部对其分支机构负有政策制定以及监督执行的责任，因此信息化建设应该首先始于 RHQ。不仅如此，还应该建立相应的处罚机制，比如发现 RHQ 故意瞒报或者漏报现象，将取消其享有的政府优惠政策等。

## 14.7　本章小结

制度创新是实现我国经济安全的基本前提，是分享经济全球化最现实的路径（曹鉴燎，2002）。我国经济制度创新需要着眼于以下几个方面：①借助跨国公司及 RHQ 发展的良好态势，完善和修正我国相关法律法规，特别是吸引 RHQ 的相关法律法规，提高其运行质量和效率；②依据 RHQ 对于区位的需求，改善和提升我国的总体环境；③针对 RHQ 集聚可能带来的经济安全风险建立相应的风险预警制度。

有效规避 RHQ 集聚带来的经济安全风险，构建经济安全体系成为当务之急，换句话说，构建经济安全体系是实现我国经济的根本保障：①从法律体系来看，我国与美国等发达国家相比相差太远，需要政府有关部门制定相关法律法规；②从组织体系来看，我国同样严重缺失，同样急需构建能够防范经济风险的组织体系。

我国作为主权国家，金融安全自然也是我国经济安全的核心。保障金融安全的关键途径是维护金融秩序，维护金融秩序是实现我国经济安全的核心。维护金融秩序需要从以下方面展开：①通过立法规范国内行业精英或者退休高官进入 RHQ 担当顾问和独立董事的任职行为；②尽快出台或者完善我国立法，约束以 RHQ 为代表的院外活动。

在近 30 年的工业化过程中，我国依然是高投入、高消耗、高污染、低效益（以下简称为"三高一低"）的传统发展模式，为消灭先污染后治理的恶果，保障我国经济安全发展，需要由"三高一低"的传统发展模式向"三低一高（即低能量消耗、低污染、低排放和高绩效）"为核心的低碳经济转变。发展低碳经济是实现我国经济安全发展的重要保障，应该着手于：①出台或完善相关法律法规，避免我国相关政府官员与跨国公司之间达成某种协议；②制定严格的能耗标准，并由专门的行政管理部门监督执行。

建立内生增长模式，实现由"中国制造"向"中国创造"的重要转型，是保障我国经济安全的必由之路。建立内生增长模式的途径在于强调 RHQ 资源整合功能及其根植性。

完善的社会保障体系是我国建立社会主义市场经济体制的重要支柱，是实现我国经济安全的坚强后盾，它关系到改革、发展和稳定的全局。其关键在于：①健全相关法律法规体系并提高其运行效率；②健全协调约束劳动关系的三方机制；③社会保障体系信息化建设覆盖社会各个领域的各类企业并建立相关的惩罚机制，特别是针对 RHQ。

# 第15章

## 结论与启示

## 15.1 结论

结论1：RHQ是影响我国经济安全的新外生因素。

一直以来，经济全球化、来华FDI、国际分工以及经济危机等因素是各界比较关注的影响我国经济安全的外生因素。RHQ明显区别于上述各因素。RHQ是影响我国经济安全的新外生要素。

结论2：RHQ集聚需要以一定的产业集群为基础。

马库森（Markusen）将产业集聚理论运用到了跨国公司与国际贸易研究中，据此，本项目研究发现，RHQ集聚需要以相关产业集群为基础。在马库森提出的四类产业集群中，轮轴型产业集群和卫星平台型产业集群最有可能产生RHQ集聚现象。

结论3：RHQ对我国经济安全影响可以依据产业集聚理论和价值链理论来解释。

产业集聚理论已发展为若干流派，其中马歇尔是第一位开始关注产业集聚现象的学者，他提出了内部规模经济和外部规模经济的理论。继马歇尔之后，产业集聚理论有了较大发展，韦伯、胡佛、熊彼特、克鲁格曼、波特等都做出了很大贡献。RHQ集聚可以产生集聚效应，当RHQ集聚超过集聚最优规模时，集聚正效应向集聚负效应转化。价值链基本理论最初由美国哈佛大学教授迈克尔·波特提出。

价值链理论自波特提出后，迅速得到了广泛的应用与发展，相继出现了虚拟价值链理论、价值网理论和全球价值链理论。RHQ集聚产生的价值链可以产生集聚效应和链式效应。其中RHQ集聚不利于维护我国产业安全；RHQ将利于降低跨国公司等垄断型核心企业的成本，但是却不利于处于边缘地位的民族企业生存；RHQ雇员的高工资、高消费的理念会从一定程度上影响国内年轻民众的消费价值观，长此以往，国内年轻人将会出现更大范围的拜金群体。RHQ集聚的链式效应包括企业价值链和空间价值链。从产业空间价值链来看，价值链影响核心区及其产业基地之间形成真正意义上的价格机制；过高的专业化生产迫使各RHQ之间以及生产企业之间密切协作，否则影响整个价值链的正常运转；价值链的形成可以进一步凝聚大量的人流、资本流和信息流，成为区域经济发展的重要增长极，但是经济发展可能会给核心城市带来现代城市病，威胁核心城市的进一步发展。

结论4：RHQ集聚遵循一定的路径，对我国经济安全会产生影响。

依据分类标准不同，RHQ集聚遵循两种不同的影响路径：①从基于我国经济安全各个领域的重要程度来看，会形成总体路径、核心路径和边缘路径。总体路径包括对我国三大关键领域、重要相关领域以及关键领域和重要相关领域之间的相互影响。依据总体路径以及我们的关注重点不同，可以从总体路径中剥离出核心路径和边缘路径，其中核心路径主要针对RHQ集聚对我国市场结构、国际收支以及关键行业开放程度等的影响。边缘路径针对RHQ集聚对人口、就业与经济增长，生态环境，基于经济安全的信息安全和科技发展，国际经济关系和重大冲突问题等的影响；②从基于我国经济安全诱发原因来看，同样存在总体路径、核心路径和边缘路径。

结论5：RHQ集聚从宏观和微观两个层面上影响我国经济安全。

从宏观层面来看，RHQ集聚对我国经济安全的影响主要针对政府的宏观调控和治理能力，集中体现在货币政策和财政政策独立有效运行方面。从微观层面来看，主要体现在经济主权独立性、生态环境、经济结构合理性、民族企业生存环境以及社会安定等方面。RHQ集聚将形成无与伦比的市场垄断、行业影响、政府影响、资金调拨等，直接从宏观和微观两个层面体现对我国经济安全的影响。

结论 6：香港是 RHQ 集聚对我国经济安全影响的最好案例。

RHQ 集聚香港主要影响香港－广东的经济结构。香港以其独特优势已经成为全球集聚 RHQ 最多的区位。RHQ 集聚香港从内部性和外部性两个角度对香港－广东的经济发展产生影响，其中内部性侧重于 RHQ 本身的独特功能，外部性侧重于产业空间价值链。

结论 7：我国应当着手制定相关的应对策略。

针对 RHQ 集聚对我国经济安全的影响，各级政府应当以我国"十二五"规划为战略发展目标，强调制度创新，以相关法律为根本保障，以维护金融秩序为核心，以坚持持续发展为第一首要任务，正确处理好对外开放、发展国际经济合作与维护国家利益和经济安全的关系，才能促进我国经济全面协调可持续的发展，增强我国综合国力，有效化解经济全球化带来的各种负面影响，确保我国经济安全。

## 15.2 启示

启示 1：注重质量，强调观念。

吸引 RHQ 是我国实行改革开放战略的重要体现，但是却不能一味地追求吸引 RHQ 的数量，应该更强调 RHQ 的质量，并从观念上重视 RHQ 集聚可能对我国产生的影响，切实做好吸引、监督、管理等工作，以最大程度地发挥 RHQ 集聚的正效应，摒弃负效应。

启示 2：注重调研，强调重点。

各省市政府在吸引 RHQ 时，应当注重本地区的产业集群基础，突出产业发展重点，重点吸引具有产业集群基础的 RHQ，避免资源浪费。

启示 3：注重管理，强调执行。

制定相关的约束管理机制，加强对 RHQ 的相应管理，强调对相应政策法律法规的实施与贯彻执行，充分利用 RHQ 的独特功能推动我国经济发展，防止 RHQ 影响我国经济安全。

启示 4：注重整合，强调合作。

抑制 RHQ 集聚可能会加剧我国区域经济发展的不平衡现象，一方面应该注重区域内资源整合，避免地方保护主义；另一方面必须强调区域规划和区域合作。

# 参考文献

［1］白石.国家经济安全问题讨论综述[J].经济理论与经济管理》，2002（11）：75-79

［2］白洁.华为收购受挫触动国家安全意识[J].信息安全与通信保密，2008（3）：14-14

［3］曹鉴燎.制度创新：全球化时代国际关系新格局中国经济安全的基本选择［D］.广州：暨南大学，2002

［4］陈共.财政学（修订版）[M].成都：四川人民出版社，1994

［5］程刚.中国国家经济安全体系几为空白［EB/OL］.中国青年报，2009-07-24

［6］成思危.金融安全是国家经济安全的核心[J].经济界，2003：4-9

［7］邓正红.论企业生存环境［EB/OL］.http://www.mie168.com，2006-03-28

［8］董国辉.经济全球化与"中心－外围"理论[J].拉丁美洲研究，2003（2）：50-54

［9］樊士德.结构主义经济学研究动态述评与中国经济结构[J].社会科学战线，2009（6）：104-112

［10］高帆.在经济结构优化中纾缓就业压力[N].解放日报2009-03-19

［11］高鸿业.西方经济学（下册/ 宏观经济学）[M].北京：中国经济出版社，1996

［12］韩士元，陈柳钦.论产业价值链的集聚效应和链式效应[J].财会月刊（理论），2007（9）：83-85

［13］胡锦涛.高举中国特色社会主义伟大旗帜，为夺取全面建设小康社会新胜利而奋斗［EB/OL］.http://cpc.people.com.cn，2007-10-15

［14］黄达.货币银行学[M].成都：四川人民出版社，1996

［15］江涌.金融安全是国家经济安全的核心——国际金融危机的教训与启示[J].求是杂志，2009（5）：60-62

［16］江涌.中国经济安全核心是金融安全［EB/OL］.http://www.wyzxsx.com，2011-7-1

［17］李丽.郭京毅案行贿企业名单曝光［EB/OL］.http://www.eeo.com.cn，2010-5-26

［18］李茜.落户上海跨国企业地区总部超300家[OB].http://www.shfinancialnews.com，2010-12-17

［19］李惠茹.外商直接投资对中国生态环境的影响效应研究［D］.中国知网博士论文库，2008

［20］刘明娟.中国商业银行的组织架构再造——访毕博咨询公司（大中华区）副总裁施能自先生[J].新金融，2004（10）

［21］[美]阿尔弗雷德·韦伯.工业区位论［M］.李刚剑等译.北京：商务印书馆，1997

［22］[美]大卫•波维特等著.价值网：打破供应链、挖掘隐利润[M].仲伟俊等译.北京：人民邮电出版社，2001

［23］[美]M.胡佛.区域经济学导论［M］.王翼龙译.北京：商务印书馆，1990

［24］[美]迈克尔•波特著.竞争优势［M］.陈小悦译.北京：华夏出版社，1998

［25］[美]迈克尔•波特著.国家竞争优势［M］.李明轩等译.北京：华夏出版社，2002

［26］[美]斯莱沃斯等著.发现利润区[M].凌晓东等译.北京：中信出版社，2003

［27］[美]约瑟夫•熊彼特著.经济发展理论［M］.孔伟艳等译.

北京：北京出版社，2008

[28] 聂志红.论对外开放中我国经济安全的维护[J].理论月刊，2010（1）：76-79

[29] 邱国栋，黄海鹰.基于跨国公司嵌入的大连 IC 产业集群竞争力提升路径［J］.大连海事大学学报（社会科学版），2009（8）：60-64

[30] 任永菊.论跨国公司地区总部的区位选择［M］.北京：中国经济出版社，2006

[31] 任永菊.跨国公司地区总部集聚对我国技术安全的影响[J].国际经济合作，2010（10）

[32] 孙晓胜，胡静.北京鼓励跨国公司在京设立地区总部[OB].新华网，2009-05-26

[33] 藤维藻，陈荫枋.跨国公司概论［M］.北京：人民出版社，1990

[34] 田锦锋.经济全球化进程中国家经济主权的让渡［J］.黑龙江对外经贸，2008（2）：69-70

[35] 王浩.跨国公司地区总部与国际金融中心互动研究——兼论跨国公司在上海设立地区总部的吸引力营造[J].上海金融，2005（7）：33-37

[36] 王正毅.经济安全与中国发展[J].国际展望，2006（534）：31-32

[37] 夏兴园，王瑛.国际分工深化与国家经济安全[J].华中师范大学学报（人文社会科学版），2001（6）：23-26

[38] 香港政府统计处网站.http://www.censtatd.gov.hk

[39] [英]马歇尔著.经济学原理［M］.廉运杰译.北京：华夏出版社，2005

[40] 赵弘.总部经济［M］.北京：社会科学文献出版社，2004

[41] 赵英，胥和平，邢国仁.中国经济面临的危险——国家经济安全论》［M］.昆明：云南人民出版社，1994

[42] 张永庆.总部经济产业价值链与空间价值链——上海总部经济发展研究.中国总部经济发展报告（2006—2007）［R］.北京：社会科学文献出版社，2006

［43］张长立.产业集聚理论探究综述[J].现代管理科学，2004（12）：32-44

［44］张纪康.跨国公司与直接投资[M].上海：复旦大学出版社，2004

［45］政府统计处.2006 年代表香港境外母公司的驻港公司按年统计调查[EB/OL].www.censtatd.gov.hk，2006

［46］中华人民共和国人力资源和社会保障部.关于印发人力资源和社会保障事业发展"十二五"规划纲要的通知[EB/OL].http:www.mohrss.gov.cn，2011-06-28

［47］Grossman, G. M. Pollution and Growth: What Do We Know? Paper for OECD Development Center Conference, 1993: 24- 25.

［48］Lehrer, M. & Asakawa, K.Unbundling European Operations: Regional Management and Corporate Flexibility in American and Japanese MNCS[J]. Journal of World Business, 1999: Vol.34, No.3, p.267-285.

［49］Lasserre,P.Regional Headquarters:The Spearhead for Asia Pacific Markets[J]. Long Range Planning, 1996, Vol.29, No.1, p.30-37.

［50］Markusen,A.Stick Places in Slippery Space:A Typology of Industrial Districts[J].Economic Geography,1996,Vol.72, No.3, p.293-313.

［51］Parks，F.N.Survival of the European headquarters, Harvard Business Review:3-4, 1969, p.79-84.

［52］Raúl Prebisch the Economic Development of Latin America and its Principal Problems[J]. Economic Bulletin for Latin America, Vol.7, No.1, February, 1962, p.1.

［53］Williams, C.R., Regional Management Overseas, Harvard Business Review: 1-2, 1967,p.87-91.

# 后 记

转眼之间，又到了答辩季。每天看论文、指导论文、写评阅意见、参加答辩成了日常主要工作。忙碌又是这个答辩季的主旋律。就在这个如此忙碌的答辩季，我的书稿《跨国公司地区总部集聚给我们带来了什么——基于正反两方面的思考》终于收笔了！该书稿是以我主持的两项天津市社会科学规划重点项目为基础整合而成的，它们是"梯度型"经济圈形成的路径与模式研究——基于跨国公司地区总部集聚的视角（项目批准号：TJYY12-039）和"跨国公司地区总部集聚对我国经济安全的影响及应对策略"（项目批准号：TJJL10-274）。尽管该书稿是我自 2004 年博士毕业正式进入跨国公司与国际直接投资研究领域 10 年以来第三部关于 RHQ 研究的专著，但书稿收笔依然让我有那么一点点的小兴奋……

回想起来，在整个写作过程中有些许的艰难，因为能够找到的相关资料少之又少，加大了课题难度，无奈只好多方搜集、认真思考、虚心请教；再加上参加中组部、团中央第 14 批博士服务团前往贵州挂职任贵阳市副秘书长，工作紧张，基本上没有时间让我静心思考，只好期满回来以后，重新开始。但事隔一年，所有的一切都显得有那么一点点的生疏，都需要重新熟悉、重新思考，写作进程自然如蜗牛般缓慢。所幸的是，在地方政府的工作体验也为我提供了思考问题的新角度；挂职单位各位同事不同程度的关爱也从一定程度上助推了该研究的完成。

纵然艰难，该书稿最终得以完成，得到了许多人的无私帮助，我感恩于你们！感谢天津商业大学（前）校长刘书瀚教授，感恩您一直的帮助！感恩邱立成副校长，感恩您给予我完成的信心！感恩社科处的王泓处长、冯玉萍老师以及其他各位老师的辛苦工作，感恩你们对于我这个程序工作"弱智者"不厌其烦的讲解！感谢南开大学国经所（前）副主任张岩贵教授，感恩您这么多年来给予我的谆谆教诲，让我茅塞渐开！感谢国际经济研究所所有帮助过我的各位老师和同学们！感谢复旦大学经济学院（前）副院长唐朱昌教授，感谢您总是在我迷茫时指点迷津！感谢经济学院所有给予过我帮助的老师、同学和兄弟姐妹们！感谢中组部、团中央给予我们挂职体验的机会！感谢中共贵阳市委市政府各位同事！最后还要感谢我的母亲和姐姐们，更要感谢我在天堂的父亲，感谢您几十年来给予我的关心和默默付出，更感谢您对我的宽容！

南开大学出版社网址：http://www.nkup.com.cn

投稿电话及邮箱：　022-23504636　　QQ：1760493289
　　　　　　　　　　　　　　　　　　QQ：2046170045(对外合作)
邮购部：　　　　　022-23507092
发行部：　　　　　022-23508339　　Fax：022-23508542

南开教育云：http://www.nkcloud.net

App：南开书店 app

　　南开教育云由南开大学出版社、国家数字出版基地、天津市多
媒体教育技术研究会共同开发，主要包括数字出版、数字书店、数
字图书馆、数字课堂及数字虚拟校园等内容平台。数字书店提供图
书、电子音像产品的在线销售；虚拟校园提供 360 校园实景；数字
课堂提供网络多媒体课程及课件、远程双向互动教室和网络会议系
统。在线购书可免费使用学习平台，视频教室等扩展功能。